与青春同行

一名高校辅导员的工作手记

黄 静◎编著

科学出版社
北 京

图书在版编目（CIP）数据

与青春同行：一名高校辅导员的工作手记/黄静编著. —北京：科学出版社，2015.6

ISBN 978-7-03-044944-3

Ⅰ. ①与…　Ⅱ. ①黄…　Ⅲ. ①高等学校-辅导员-工作-研究　Ⅳ. ①G645.1

中国版本图书馆 CIP 数据核字（2015）第 128530 号

责任编辑：侯俊琳　朱萍萍　田慧莹　刘巧巧 / 责任校对：彭珍珍
责任印制：徐晓晨 / 封面设计：北京铭轩堂广告设计有限公司

科学出版社 出版
北京东黄城根北街 16 号
邮政编码：100717
http://www.sciencep.com
北京厚诚则铭印刷科技有限公司 印刷
科学出版社发行　各地新华书店经销
*
2015 年 7 月第　一　版　开本：720×1000　1/16
2021 年 1 月第五次印刷　印张：12 3/4
字数：188 000

定价：65.00 元

（如有印装质量问题，我社负责调换）

序

当前，我们正处于一个全新的时代，一个日新月异、继往开来的时代，国内外环境正在发生深刻变化，经济全球化深入发展，思想文化交流、交融、交锋更加频繁，大学生思想政治教育工作面临着新的形势，挑战与机遇并存。党的十八大以来，以习近平为总书记的党中央高瞻远瞩，对大学生思想政治教育工作作出了新的部署，提出了新的要求，强调要把立德树人作为教育的根本任务，培养德、智、体、美全面发展的社会主义建设者和接班人，培养学生的社会责任感、创新精神和实践能力。今年，正值中共中央16号文件《关于进一步加强和改进大学生思想政治教育的意见》颁布十周年，教育部发布了《高等学校辅导员职业能力标准（暂行）》，为新时期辅导员队伍建设提出了新的方向和指引。站在新的历史起点，作为大学生思想政治教育工作的骨干力量，辅导员队伍肩负着党和人民赋予的历史重任，我们必须与时俱进，捕获、驾驭辅导员队伍建设的历史机遇，努力提升辅导员队伍建设水平，切实推动大学生思想政治教育工作的科学化发展。

近年来，上海对外经贸大学围绕提高大学生思想政治教育工作的针对性、有效性，积极培育辅导员队伍的精神文化、学习文化与合作文化，努力打造职业化、专业化、专家型的辅导员队伍，走出了一条有特色、见成效的辅导员队伍建设之路，涌现出了一批爱岗敬业、勇于创新、善于学习、乐于奉献的优秀辅导员，全国辅导员年度人物提名奖获得者、上海高校辅导员工作室主持人黄静老师就是其中的典型代表。

从黄静老师身上，我能感受到她对辅导员工作充满了激情和干劲，带着爱心与学生相处，像关爱亲人一样关爱学生，用每一次触动心灵的呵护，感动着她的每一个学生，被学生亲切地称为“静姐姐”。她从2008年起建立了“静姐姐博客”，利用网络和新媒体开展思想政治教育工作，加深了与学生的了解与信任。她肯钻研、爱琢磨，善于从实践工作中发现问题、剖析问题、总结规律，提出了许多有意义的见解；而且她还能够主动拓宽视野，研究国内外同行的做法与经验，形成了一批有价值的研究成果。

黄静的书稿《与青春同行——一名高校辅导员的工作手记》内容丰富、特色鲜明。她从自身的工作实际出发，选录了她工作中的一些案例、积累的一些经验，以及面对新挑战时的一些思索与探寻。我想，该书对于辅导员解决实际工作问题具有独特的参考价值，大学生也一定会从中有所收获。

作为一名曾经分管大学生思想政治教育工作的负责人，今后无论在什么岗位，我的心都始终和辅导员们在一起，我相信在学校的关心下，辅导员队伍建设一定会取得新的更大的成绩，大学生思想政治教育工作也一定会开创新的局面！我也衷心祝愿黄静老师能百尺竿头，更进一步，在职业化、专业化、专家型发展的道路上走得更好、走得更远。

上海对外经贸大学副校长　陈　洁

2014年12月

前　言

十八大以来，党中央对大学生思想政治教育工作提出了新的部署和要求，强调要把立德树人作为教育的根本任务。辅导员作为高校学生思想政治教育工作的组织者、实施者，大学生健康成长的指导者、引路人和知心朋友，肩负着引导大学生培育和践行社会主义核心价值观的重要历史使命。在中共中央国务院《关于进一步加强和改进大学生思想政治教育的意见》（中发[2004]16号文）颁布10周年之际，对辅导员队伍职业化、专业化、专家型的要求也赋予了新的时代内涵。

本书从一名辅导员的工作实际出发，将职业素养与实践探索、研究思考相结合，用生动的案例、生活化的内容、平实的语言，紧贴大学生关注的热点，以独特的视角反映出一个辅导员的青春成长之路，因此本书选取了“与青春同行”这个题目。与同类书籍相比，本书不是针对某一专题展开研究的专著，不是对日常工作的罗列记录，也不是对某项职业技能的单纯分析，而是对现实工作中典型案例、大学生关键事件和职业生活所做、所想、所思的纪实，是一本实用型书籍，对于辅导员解决实际工作问题有一定的参考价值。在实践篇里，作者选取了高校辅导员在日常思想政治教育中涉及到班级管理、宿舍文化、成才发展、主题教育这几个方面所设计的实践平台以及所取得的成效。在交流篇里，记录了网络时代下作者利用多样化渠道与学生进行沟通，走进学生心灵的过程。在这一篇章中，强调了新时期辅导员在日常工作中充分拓展沟通空间，利用博客、邮件、短信、微信与学生进行良性互动。为了保持沟通的原貌，一些网络语言在出版时经再三斟酌，还是予以了保留。在研究篇中，作者从世界眼光、中国情怀、时代特征、固本铸魂工程四个维度进行了研究和探索。集结了作者多年来对思想政治教育工作中所面对的一些热点问题的思考。

希望本书在引导大学生自觉培训和践行社会主义核心价值观方面能够发挥积极作用，为辅导员更好地交流和探讨工作方法和思路提供参考；为推动大学生思想政治教育工作做出贡献。

黄　静

2014 年 12 月于上海

目　录

第一部分　实践篇
引领·探索·创新

第二部分　交流篇
沟通·分享·互动

第三部分 研究篇
学习·思考·科研

第一部分 实践篇

引领·探索·创新

开篇语

思想政治教育的价值不在于教大学生学会谋生的工具性知识和本领，而在于高瞻远瞩地引导他们去把握生活的意义，去探寻生命的意义，从而帮助他们有意义地去生活，形成内在的有道德意义的世界。当代大学生是一个对社会意识道德及价值观念已经产生强烈选择愿望，并有一定选择能力的特殊群体。辅导员应当在引导学生对各种道德取向和道德规范的社会价值进行分析的基础上，为他们创新设计更多有价值的实践平台，探索更有效的德育教育模式，教会学生自主地、合理地选择个人所应确立或所应改变的道德取向，真正塑造和践行社会主义核心价值观。

第一章

每个人都需要一个舞台

在大学里，当我们提到能力强、综合素质高的学生时，人们往往想到的是班长、团支书、学生会干部等，而更多的学生由于能力展示平台的限制，并没有太多机会被老师、同学关注。学生缺乏才能施展的舞台不但容易使辅导员对于学生的能力判断出现偏差，也会造成学生自信心下降，甚至脱离集体。步入大学，除了新鲜感以外，学生更希望被关注、被认同，这是他们融入新环境的强心针，但是无论是班级内，还是学校内的各个学生组织，所提供的岗位和吸纳的人数有限，总有相当一部分学生因为紧张、能力有限等各种原因不能如愿。当面对一群充满热情、跃跃欲试的大一新生时，我在国贸 0607 班①内试行推出了“实习班长轮岗制”，该制度通过为所有学生创设一个更广阔的舞台，请有热情、有奉献精神的学生轮流担任班委，最大限度地保护了他们的积极性。该制度一方面可以给予更多学生机会，展示和提升他们的综合能力，挖掘更多有潜力的学生；另一方面，也让班级学生切身体验到责任，学会相互理解、包容，从而增强班级凝聚力。

国贸 0607 班拥有一个团结的班委会，共有 7 名班委。每一名班委都各具特长，并且非常愿意为班级出力。班委之间分工明确，团结协作，并能以身作则，成了班级建设的中坚力量，也为辅助实习班长有效开展班级工作奠定了坚实基础。

在 2006 年年底，班级开始了“实习班长轮岗制”活动，每学期班委会会从报名学生中选择 5 位学生担任实习班长，每位任期 1～2 周，实习班长在班委

---

① 2010 年，上海对外贸易学院（2013 年更名为上海对外经贸大学）国际经济与贸易 0607 班荣获“全国先进班集体”称号。

会的指导下开展日常工作。实习班长的产生完全来自学生自发报名，任何想展示自己能力、乐于为班级出力、为同学服务的学生均可以报名。

在这一周中，实习班长除了在班委会的帮助下进行班级日常管理外，还可以自主设计创新活动，班委会将负责调配各种资源，对实习班长提供全方位的支持。比如，王硕同学担任实习班长的那一周，作为专业排名第一的“学霸”，她打破了平时给人不可接近的感觉，将自己的学习心得与大家分享，并将自己旁听其他专业的课程笔记整理后上传到班级公共邮箱，方便大家交流学习。那时候大家才知道每天忙得不见踪影的她并不是所谓的“气质高冷”，她只是为了自己的华尔街梦想，一直在旁听金融专业的课程和备考 CFA。单佳能同学是学校学生会体育部的活跃分子，他担任实习班长后，组织全班同学进行卡拉 OK 比赛，同时自己还兼任现场主持，现场即兴表演口技让人拍手称赞。大家才知道身高 1.9 米的他不但篮球打得好，文艺细胞也很足。

这一制度让更多的同学被班级同学所熟知，让学生的更多特长和潜力得以发挥。每一位实习班长最后都成了班级的榜样，他们传递的不仅仅是自我特色的展示、八五后个性的张扬，更多的是对于这个集体的责任感和归属感。从这个制度中也可以看到，榜样的树立不一定要从外界寻找，如果榜样来自身边熟悉的人，那么感召力会进一步增强。在之后四年的班级建设中，国贸 0607 班在各方面都涌现出了属于他们自己的明星：社会工作之星、学习之星、志愿者之星、羽毛球之星、舞蹈之星、篮球之星等。到大三的时候，该班 29 名学生已有 27 名担任过实习班长。全班 100%的学生都曾在学校的各级学生组织内担任过职务。

在该制度的运行过程中，每一个担任实习班长的学生在离开这个岗位的时候都被班委会同学的默默付出、不计回报、乐于奉献的精神打动了。辅导员和班委还定期对实习班长的突出表现予以肯定和表彰，使班级在各个方面的建设都有了自己的领军人物，班级内也形成了一种争先创优的良好班风。各位实习班长践行主人翁精神，也提升了对班级的归属感，充分发扬班级凝聚力。正是因为有了这些榜样，让学生明白了衡量一个人是否优秀的标准不仅仅是学习成绩，而是综合素养，大学里关注的不仅仅是分数和证书，而是全面发展，生活里不仅仅是个人的得失，还有责任与分享。

第二章

授人书卷　手留余香

宿舍文化建设是学风建设的重要组成部分，是精神文明建设的重要窗口，对优化学校育人环境，培养合格的人才起了保障作用。大学与中学很大的不同在于学生有大量的时间是在宿舍度过的，宿舍就像学生的第二个家，同时由于宿舍内的学生来自天南地北，在生活习惯、学习习惯上存在着差异，而现在学生多为独生子女，缺乏集体生活的经验，所以宿舍也是最容易产生矛盾的地方。如果能够充分有效地利用宿舍空间，营造出一种健康和谐的宿舍文化，那么无疑会对拓宽大学生思想政治教育阵地起到积极的作用。

经过策划，我从2008年起在国贸2006级推出了“温馨书屋”项目，这个项目的设计思路来源于20世纪60年代的图书漂流活动。与图书漂流活动不同的是，该项目给书籍找到了一处避风港，充分利用宿舍地理资源，建立图书角平台，让点对点的书籍传递变成了群体对群体的书籍分享。以宿舍厅为项目实施地点充分考虑到了宿舍的构成，我所带学生的宿舍结构是四人一间，十二人共用一个厅。我在走访宿舍时发现，平时学生在宿舍内时间较多，而在厅活动的时间较少，大多数的厅被当成了放置杂物和行李的地方，对于厅的清洁卫生总也不如自己宿舍那么上心。另外，同一宿舍的四个人关系比较密切，而不同宿舍哪怕同一个厅的学生相互之间交流并不多，尤其是女生，这样很容易形成小团体。“温馨书屋”希望通过将三个宿舍公用的厅加以利用，激发所有学生的积极性，引导他们装饰、充实和爱护这第二个家，一方面可以提升宿舍文化内涵，使其成为展现大学特色和文化的窗口，另一方面也给学生之间的交流带来了更多的话题，通过以点带面调动学生更多的参与热情，提升学生对于宿舍的归属感。

此活动刚开始，并不是所有的厅都成立“温馨书屋”，而是号召团支部同学自主推选一个具有代表性的厅，这样资源能够更加容易整合，同时也不会因强制性推行而让学生有抵触情绪。国贸0603班团支部率先选择了本班的一个宿舍厅作为试点，他们自觉制定了宿舍公约，号召每位学生从我做起。由班委牵头积极主动拿出自己喜爱的图书，放在书屋供学生免费借阅，让图书成为共享的资源，这一举措也吸引了班级内更多的学生捐出了自己的好书。后来参与捐书、借书的学生不仅局限于全厅，甚至辐射到了整栋楼、整个专业。那一届学生都知道在41号楼3楼东厅有这么一个“温馨书屋”，可以在里面读书看报、喝茶聊天，也可以把自己觉得有意义的书捐出来，让它在书屋里做一次有价值的“漂流”。

当那一届学生毕业离校时，她们看着书屋有点念念不舍，最终她们给下一届住在这里的学妹们留下了一封信，希望她们好好守护书屋。当新一届的学生搬入这个厅后，她们延续了学姐们的传统，纷纷捐出自己的书籍，对书屋书籍进行了补充，并增订了英文报纸。其他同学有什么好书也都迫不及待地拿出来与他人分享。随着书屋的书籍越来越多，2010级学生对图书进行了归类整理，分成了专业参考类、科普类、散文小说类、休闲娱乐类、外语类、报纸类，还不定期地在厅里举行读书沙龙，分享读书体会。此外，全厅同学制定了管理制度，每人每天轮流整理书籍，清洁地面门窗，为同学们创造一个舒适、和谐的环境。

通过“温馨书屋”建设的活动，营造了宿舍读书氛围，将书香生活的理念生动形象地置入了学生的生活。当2010级的学生即将毕业搬离宿舍时，他们不舍地说：“在这里分享了书籍、知识、思想，更收获了友情、责任、奉献。”他们同样希望能把书屋传递给下一届学弟学妹们。这其中不乏珍贵的小说全集，也有自己家长曾经读过的绝版的经典小说。他们说“授人书卷，手留余香”，他们在给予的同时内心也得到了满足与沉淀。我想，那些隐藏在书间或笨拙，或优美的文字，承载过喜悦、愁思，这份无形的财富与青春安放在“温馨书屋”里，伴着书香发酵，随着时间醇香。

第二章

寻找心中的才富人生

当学生初入大学时，脑子里总是充满各种疑惑：“大学是什么？大学应该怎么度过？”心里总是怀揣各种抱负：“我要在大学获得什么？未来我要成为什么样的人？”其实在每个人心里都有自己的自我判断和人生规划。如何帮助学生在大学里寻找梦想，发现属于自己的精彩，如何避免大学生因理想缺失、目标动摇而碌碌无为、无所事事，上海对外经贸大学在新生中开展了一场关于人生、理想、生活的成长启示活动——才富人生。我有幸连续三次参与到这个活动的策划组织中，从采访心目中的成功人士，到采访为世界博览会默默奉献的平凡人，再到采访自己所钦佩的校友，每一次出发都让我看到了学生身上那种对青春的热爱、对未来的憧憬和对理想的追求。直到今天，我在工作室里继续沿用这种“采访”的方式来帮助更多的同学激发他们的成才动力和自我效能。这里就主要谈一下工作室开展的校友采访活动。

美国心理学家班杜拉曾在关于自我效能感的研究中提出“替代性经验是形成自我效能感的有效途径”。近几年，我越发感受到在对学生进行生涯指导时，往往因为自身单一的专业背景和对行业、就业市场认知的局限而力不从心，难以满足学生日益多样化的生涯发展需求。直到有一天，邮箱中一封陌生的邮件跳入我眼帘，我最早的一届学生的公司想招实习生，希望我能推荐几个学生。我感受到作为一名辅导员，自己所掌握的丰富的校友资源蕴含着巨大的价值。今年我的第一届学生毕业四年了，他们中的很多人已经在各自的岗位上小有成就，他们对于行业的了解比我更全面、更准确。因此，如果能够借助校友这个外界资源，运用朋辈间替代性经验去帮助在校学生了解行业、认识职业，激发学生的成就动机，那么无疑是提升生涯指导专业性和科学性最有效的途径。

在这样的思想引领下，“才富人生之校友采访”项目应运而生。该项目要求被采访者必须是已经毕业的校友，而采访者是大一到大三的在校学生。对象的选择标准就是自己希望从事的行业里的校友或者钦佩的校友。让学生从被采访者身上学到人生感悟，引导学生自我教育，塑造学生自我探索精神，从而提升学生的综合素养。当然，采访的过程本身也是一种展示自我、体验社会的过程，因此，这不仅仅是一次采访活动，同时也是一次感悟成长的教育和反思。

活动是以自愿的方式进行的，将兴趣作为行动动力，学生才会更加全面而真实地去完成项目。学生在报名参加此次活动时，需要提交采访对象简介，以便我们能从差异性和可行性角度进行评估。确定采访人物是非常关键的，从报名阶段，学生就在思考自己的未来方向，开始进行自我探索，寻找并确定自己的职业兴趣。从万千校友中确定采访对象后，我们会给学生采访对象的相关信息。学生则需要通过整合教师、朋友、同学、学姐学长等各类社会关系，找到采访对象，然后通过电话、网络、邮件等形式与被采访者取得联系，建立信任关系，这有利于他们提升沟通交流能力和问题解决能力。在进行采访预约之后，学生需要草拟采访提纲：这一过程学生需要去查询人物背景和相关行业背景；采访问题的筛选需要经过慎重考虑，既要能充分问出想要了解的信息，又要避免重复和冗长。同时，采访过程中应注意的基本礼仪和处事态度及风格，都可能给学生的未来带来影响。

在每次采访之后学生们都有自己的感悟和总结，他们倾听着采访对象的经历，切身感受着采访对象的大学生活和职场生活。该项目让学生切身体会到每一次采访就是一次学习的过程，感受到大学是他们实现梦想的起点。他们从被采访者身上寻找自己成才的动力，引发自己对于成长规划的思考。项目结束后，学生如果自己的兴趣点发生变化，仍然可以通过同样的方式，寻找更多他们想采访的人并实施采访，这为学生不断地拓展自己的视野打下了基础。

活动结束后，学生需要整理采访资料并成文。在对学生的采访稿修改的过程中，我感受到：在活动中，学生的自主性和创造性得到了极大的发挥。采访的过程也是一个学生思考的过程、对大学认知的过程、对自我不断调适的过程。我将采访稿整理归类记录上传，分享于网络，希望让更多的学生参与其中，同时也能让更多有相同职业发展方向的学生分享与学习。最让我欣喜的是，这一过程不但提升了学生的综合素养，同时也调动了校友资源；许多被采访的校友纷纷来电希望能回到母校与更多的同学分享交流，他们也乐于加入到学校的生涯导师的行列，为大学生成长成才形成一股强大合力。

在现实社会中，有时候朋辈的经历比教师简单的知识讲解更容易被接受，更容易引起共鸣。校友采访看似只是学生走出校门的一小步，其实也是他们迈出职业规划的一大步。这一步不是辅导员拉着、扶着、拽着走出来的，而是他们自主探索形成的。在我看来，职业规划辅导，辅导员的角色不应该是一个无所不知、无所不晓的百事通，而是要在学生大学生涯阶段不断去整合资源，构思和搭建平台，让他们学会审视自我、勇敢迈步、踏上平台、站得更高、看得更远。

采访稿示例：

人物简介

小雁，上海对外经贸大学 2006 级国际经济与贸易专业毕业生。目前就职于某银行上海分行。她于 2011 年获得某银行“优秀行员”称号；在校期间有近 1000 小时重大志愿者活动经历，曾荣获上海市优秀青年志愿者称号；曾担任西班牙 2008 年萨拉戈萨世界博览会、中国 2010 年上海世界博览会、韩国 2012 年丽水世界博览会志愿者；在校期间学习成绩优异，曾获“宝钢教育基金”优秀学生奖。

采访时间

2014 年 9 月 2 日

采访地点

静安区久光百货咖啡厅

采访内容

问：学姐，您好！我们知道，您在大学期间有近 1000 小时的志愿者经历，能否给我们讲讲您的一些志愿者经历以及这些经历对于我们的帮助？

答： 首先我个人是比较享受做志愿者的过程的，当时上海市委招募组织西班牙 2008 年萨拉戈萨世界博览会志愿者，我就主动到我们家的街道去报名，经过面试，我很幸运地成了第一批去西班牙的志愿者。当时去西班牙实际上更多的是要去当地学习一些世博会的运作经验和志愿者组织的组织架构，这也是对做中国 2010 年上海世界博览会志愿者的一个经验积累。当然这对于外语水平的要求是比较高的，作为外贸（编者注：现上海对外经贸大学，原上海对外贸易学院）的学生，因为平时英语学得比较深入，这一点还是比较有优势的。其次我觉得在做志愿者的过程中我们也可以接触到许多不同地区的人，包括其他国家的一些志愿者，会产生一些思想和理念的碰撞。相比其他国家的志愿者，我们也发现其实我们青年人在社会责任感方面还是比较欠缺的，而这段经历让我真正想要尽量多地利用空余时间去为社会贡献自己的一点力量，为他人做一点奉献。在这个过程中，我们不仅仅是开阔眼界，更是对自身能力的提升和心态的历练。这对于我无论是将来的职业发展还是人生道路都是一种财富。

问： 学姐，听说您在大学里除了参加很多志愿者活动以外，成绩也一直名列前茅。听说目前有些企业越来越重视学生的实习经验和实践能力，对于成绩好像并不太看重，因此有些同学为了去实习，不惜影响课程学习。请问我们在校大学生要如何在保持良好学习成绩的基础上提升个人能力呢？

答： 其实大家还是有些误解的。很多公司还是比较看重毕业生的学习成绩的，毕竟学生还是要以学习为主，而且学习成绩从某种程度上也代表了一个人的学习能力，而学习能力在任何行业都是非常重要的。从目前情况来看，以银行为例，他们对于学历、学习成绩的要求还是相对比较高的，应聘时通常会要求提供成绩单。外资公司或者是外贸相关行业，可能会更加注重实践能力，看你是否具有一些相关经验或者你是否具备相关的商业思维模式。如果是国企的话，对学历成绩的要求相对会更高些。所以，在校期间最好是先给自己进行一个比较清楚的定位，这样在学习和实践的时间和精力的分配上，也会有一个比较明确的努力方向。

另外，就是要提高学习效率，掌握一些好的学习方法，充分利用好课余时间和寒暑假去实习实践，在大学期间一定不要将学习和工作本末倒置。

问：请问在大学快毕业时，我们通常面临三种选择：国内考研、直接就业或是出国。您当时是怎么为自己定下发展方向的？随着就业压力越来越大，您有什么好的建议给我们？

答：这方面也是因人而异，有些人是一开始心里就有一个明确的目标，而像我们经常会听到各方建议，然后自己乱了阵脚，有一阵儿会对未来发展产生困惑。其实不断尝试是个不错的办法，“实践是检验真理的唯一标准”嘛！我当时其实也并没有很早就明确自己今后的发展方向。不过在大二时，我们应该会有一个大概的想法，如果想直接就业，那么就要尽早注重自己实践能力的培养，校园内的品牌活动、学术竞赛，以及校外的志愿者、实习、寒暑期的实践都可以帮助我们认识自己适合什么，喜欢什么。如果有的同学觉得学习是一件很轻松的事情，喜欢做研究，那不妨尝试考研或者出国，这样学历上了一个层次后，在一定程度上竞争力会更强，不过这需要考虑的是自己及家庭所能承受的时间成本和经济成本。当然必须认识到考研和出国并不能作为逃避就业压力的一种方式，因为总有一天你会走入社会，读研这几年你可能会缺乏一些职场经验，所以在读研期间你要通过多实践来提升自己的综合素质。

问：学姐，您现在就职于某银行，那具体的工作内容是什么呢？

答：我现在是在某银行上海分行下属的银行卡事务部，这个部门主要是做发卡和收单两块业务。而我主要负责的是互联网金融的支付（包括手机、PC端、电话支付方式），也是属于一种新兴的支付方式。

问：现在很多商科类的毕业生都希望进入银行，当然我也是，我想知道进入银行业的应届毕业生入职以后的发展通道通常是什么样的呢？

答：呵呵，的确现在银行每年都会招收很多应届毕业生，而且报名的人数也年年上升。因为我并不是在人力资源部，所以可能对这个问题的回答并不完善，我仅从我自己所了解的谈一下吧。本科应届毕业生一般都是先从柜面做起的，1～3个月就会轮岗到其他职位，如大堂经理。接下来如果工作能力强的话就会做到客户经理（对私主要是向客户推荐相关理财产品，也会有相关的业绩要求；对公就是到企业进行财务沟通、业务营销之类）。如果是研究生毕业生的话，会有一个管理培训生的岗位（MT），在各个支行的管理部门学习，主要培养管理型人才。

问：据我了解，有些同学在应聘时会同时收到好几个不同银行的录用通知书，也不知道如何选择。我想问问就您看来，各大银行之间最大的不同是什么？它们各自的优势在哪里？对于求职的大学生又有什么不同的要求？

答：其实银行的选拔标准大同小异，所以有些综合素质较高的同学就会特别抢手。在我看来，选择哪家银行不要仅仅去比较薪水，还要看每个银行的特点。比如，五大国有商业银行办公更注重程序规范，而像招商银行、浦发银行、民生银行等的工作量相对大些，不过薪金也会更高。但其实银行工作的流程内容很相似，我个人觉得选择还是要看企业文化、工作氛围和具体岗位状态吧。

问：我们知道您刚入职一年就被评为"优秀行员"，这份荣誉是很难得的。您认为我们在工作中需要格外重视哪方面能力？可以给我们讲讲您的工作经验吗？

答：首先当然是一种积极的工作态度，在刚刚入职时一定要更加努力一些，因为只有这样，你才能更快地融入这个团体。要尽量多地去尝试熟悉不同的工作事务，不断提高自己的办事效率。我个人是2010年入职的，而某银行是上海世博会唯一指定金融合作服务商，所以我当时有机会协助参与世博园中的收单工作（包括POS机的布放，线路的设置、修复，结算工作）。那时候非常繁忙，工作压力也大，但是我每天仍然很有热情地去准确、按时地完成每一项工作，积极地融入这个团队。回过头看看，这段经历对自己的锻炼作用是很大的，因此世博会结束之后我就一直留在了银行卡部工作。对我而言荣誉只是一方面，重要的还是自身能力的不断提升和在这个工作团队中的融入感。

问：又要进入就业季了，我们在面试银行工作的时候需要注意些什么呢？

答：国有银行其实有很多校园招聘，我当时是11月份开始在网上投简历的，同学们也可以自己在网上关注一些相关信息。像银行的面试，会有基本概念的考查，这可以在论坛上找一些面经（面试经验），做到心中有数，同时也要关注经济热点、时政新闻。面试时关键是要理解其中的含义，并且可以用自己的话叙述出来，不可以死记硬背。还有一点就是要有一种要努力处理问题、解决问题的思维方式。面试官可能会给你提供一些情景，比如说办理业务遇到领导不同意、同事反对等，主要是对你处理问题方式的考查，这就需要我们思路清晰，说话有条理，面对危机能够随机应变。还有就是抗压能力，因为可能有的时候按流程办理业务会遇到客户的不理解，甚至会有些冲突，但作为银行工作人员，必须有一种服务型行业的专业工作态度。

问：请问您当时是在哪里实习的？我们选择实习时又应该考虑什么因素？

答：我当时也在银行实习过，不过基本接触不到实际业务，所以主要是感受一下银行整个的工作氛围，大致了解一下业务、工作时间。不过如果已经有意进一家银行的话，就可以先去那里实习，这对于之后的面试也会有很大帮助，包括在实习中遇到的一些问题也可以作为案例，这对于面试官相对会更有说服力。我曾经在一个比较有名的平面媒体做过实习记者，主要是采访撰写财经版面的新闻稿。虽说我不是学新闻的，但是那份实习对我帮助很大。比如，我现在写的一些业务报告或产品宣传对文字的提炼概括能力要求比较高，多亏我那时做实习记者提升了自己的文字写作技巧。所以说我们做一件事可能从眼前看似无关发展，甚至收获甚微，但从长远来看，它总会潜移默化地对你产生一些正向影响。因此，实习切记不要急功近利，不要刚去实习就想企业是否能马上留下我，公司能给我什么，而应该用一种平常心去踏实地做好每一件小事。

问：最后，您对学弟学妹们有什么好的建议和寄语呢？

答：首先我想说作为一名外贸人，我是很开心和幸运的。我很感谢学校的培养理念，让我在进入职场之前积累了很多实践经验，有学术的、志愿者、实习的、海外交流的，这一切对于我工作是有很大帮助的。所以学弟学妹们在校期间要把握好各种机会，包括辅导员或学生组织提供的各种实践锻炼机会。通过这些活动，你们可以了解自己的定位，逐渐明晰自己以后的发展目标。同时也要兼顾好自己的学习，将专业知识活学活用，尽量把自己的兴趣和专业结合起来，去寻找到一条适合自己发展的道路。最后祝外贸的学弟学妹们有一个精彩的大学生活，也有一个美好似锦的前程。

采访感言

见到小雁学姐，确实被她的亲和力所感染，她真诚待人、全心做事，这想必也是助她成功的重要因素。采访全程学姐一直强调的就是实践。她想到了就会大胆去做，而在这其中她收获的也不仅仅是能力的锻炼，更是一种阅历的积累。我们不怕迷茫，就怕迷茫时停滞不前；我们不能改变现状，却可以改变自己。别迟缓了想做的事，别搁置了想达到的目标，走出去多接触一下不同的人和事后就会发现：眼界有多大，内心就有多强大，你未来的路就有多宽广！

（上海对外经贸大学国际商务专业2013级学生姚珍妮采访整理撰写）

第四章

探索未来的自己

2010 年 9 月，当迎来自己的第二届学生——国贸 2010 级时，我已经步入了 30 岁的大关。和他们的年龄差距跨越式地达到了 12 岁，我逐渐发现他们谈论的话题我很难融入，他们关注的热点、人物许多我竟然从未曾听说过。这时候我真的感受到了一种莫名的失落感。和我的第一届大多是八五后的学生相比，这一届几乎都是九〇后，他们的父母大多接受了良好的教育，使得他们成长的环境更加优越，受到的呵护更加全面，接触到的新鲜事物更加丰富。因此，他们肩上对于经济压力的感知比起以往的学生来说小了很多，对于人生的思考方式也变得更加感性，生活方式更加遵从于自己的兴趣和习惯。进入大学后，他们不想再依赖父母或老师，更愿意用当下最流行的词语把自己的行为和感受记录在网络上与自己对话，或是与同龄人分享，因为在他们看来，这就是他们这一代的交流模式，也是他们这一代宣扬个性的方式。

但是他们真的具备了独当一面解决问题的能力了吗？其实并不然。当真正面对问题时，许多九〇后的学生往往没有八〇后的理性、冷静和坚定，他们更容易表现出迷茫、困惑，无所适从。我时常会看到学生空间状态里充满着各类吐槽、负能量的话。我想，作为一名辅导员，我能做的就是走进他们的话语体系，去读懂他们的生活，理解他们的感受，给予他们帮助和指导。

在新生入校后第一个月，我想既然学生愿意与自己对话，那么我们就为大家创造一次对话的机会。经过与班委讨论，我们最终确定了“未来”这个主题，通过设计系列主题活动给学生一个与自己对话的机会，帮助学生去思考未来自己的样子，让学生去反思、调整、完善，并鼓励学生保持对自己的希望。

就这样，活动在2010年10月学生进入大学后的第三个月正式开始。“未来”系列主题活动主要包括两个部分：一个是“未来邮局”活动，让学生给一年后的自己写信，并在一年后组织收信；另一个是用纪念入学200天的“未来驿站”，让学生反思自己入学后的得失，树立对未来的未来一种期待，继而形成自我成长的持续动力。

活动1：未来邮局

“未来”系列活动的构思源于北京曾经提倡的活动——“绿色邮局”，即写一封信给未来的自己，交予特定邮局在一年后寄回。本活动在绿色邮局的基础上进行了改进和创新。第一，参与对象上主要针对大一学生。因为这对于学生来说是个非常特殊而重要的阶段。第二，从活动内容上进行了延展。学生不但在一年后收到了自己的信件，而且在收件时采用了集体教育的方式，观看各自班级一年大事记，了解到自己的成长与班级的发展是密不可分的，同时班级成员之间收信后的交流与分享，可以让学生进一步去反思，通过自我审视教育，能够帮助学生清楚地认知自我，提升自我。

“未来邮局”的活动实质是让学生去思考自己要在大学里得到什么、要怎么去做。一封信，既在信箱中，更在学生自己的心中。活动中我们给了学生一周的时间去思考和写信，每个人都很认真地给一年后的自己写了一封信。有的学生在信中写道“一年后，你应该拿到了二等奖学金，要是英语再多几分，就可以拿一等了，要继续努力”；有些人写道“当你看到这封信时，你应该在学生会外联部组织了好几场重大活动，运气好的话可能马上就要成为副部长啦，但是要注意身体，劳逸结合”；有人写道“你应该参加了学校的学术竞赛了，并且还拿了奖，千万不要骄傲”；还有人写道“这时，你可能有了男朋友，要一起自修哦，最好一起考出国，千万不能影响学习”。每个人都在心里告诉那时的他/她，自己可能取得了哪些进步和成绩，可能经历了哪些事情。这是一个全面评价自我、反思自我的过程。一周后，当每个同学都把信件完成后，便通过班会形式，进行集体封信、盖邮戳、寄信，以及保管信箱环节等仪式。在2010年11月至2011年11月这一年期间，班长会定期召开主题班会，让同学不忘却自己的目标和期待，共同朝着自己想要的方向共同努力。

2011 年 11 月，期待已久的“未来邮局”收信仪式以班会的形式召开。在收信仪式之前，班委精心准备了班级这一年来发生的大事记视频，让全班同学共同回忆这一年间班级发展的点点滴滴和取得的成绩。学生们可以通过视频中自己的影子找寻大学第一年的美好回忆：第一次军训、第一次拿奖学金、第一次洗被套、第一次在外过中秋、第一次春游、第一次熬夜复习、第一次参加运动会……，之后，班长从我手里接过信箱，进行发信仪式。每个同学都迫不及待地打开属于自己的那封独一无二的信，寻找属于自己的回忆。同时，我还邀请同学自愿上台发表看信后的感想。

当开启信封时，学生会期待、紧张、自信或是惭愧，可谓是百感交集，当学生们重新拾起过去一年对自己的期望时，无数美好的回忆犹如幻灯片般闪过眼前。当初的愿望是梦想成真还是被时间和现实无情地磨灭？自己是改头换面，生活翻开了崭新的一页还是碌碌无为、原地踏步？一年之后完成与否，自己心中会有衡量的标准，这是促进学生自省的过程。人生需要规划，这一封封载着踌躇满志的信，一个个自己最熟悉的笔迹，成功地用一种直接的视觉刺激，提醒着学生的“未来”在何方。

“未来邮局”所带来的效果不仅仅存在于从高中生蜕变为大学生的这一年里，同时也渗透在学生今后大学阶段的每一天里。它是一年年跨越之间的连接点，更是指引学生们成长的“指明灯”。这次活动让学生们学会给未来一个希望，给过去一个总结，学会学习、学会反思、学会规划，明白任何目的地的到达都必须先踏踏实实地走好脚下的每一步。

活动 2：未来驿站

“驿站”这个词本意是古代供传递官府文书和军情的人或来往官员途中食宿换马的场所，而用“未来驿站”这个词是因为发现大学生每天忙碌地学习、考证、实习、实践，他们在不断体会、品尝奋斗的艰辛的同时，也容易在失败挫折中丧失自信、迷失自己，不知道未来的路该何去何从。“未来驿站”用纪念入校 200 天这个时间点给学生提供一个让自己停靠休息的虚拟港湾，让迷失的自我进行重新审视，并给自己定一个“一天的目标”。目标可以简单微小，让自己获得快乐即可。每个人应该都有过一晃而过的念头但却因为各种拖沓或者理由没有做。一天的时间很短暂，所以只要完成一件小事就能让自己很快乐。当我们完成了这个小小目标，重新调整好自己再上路，那么对于未来奋斗的目标，就会有更多的动力和信心。

2011 年 3 月 22 日是 2010 级学生入校 200 天的纪念日，学生们将这一天的心愿都提前贴在了海报墙上。在此之前的两周，班委会每天以倒计时的形式提醒和鞭策同学。在大学 200 天的日子来临时，每人要按照心愿墙去各自完成自己的心愿目标，完成之后才能在心愿纸上敲章。每个人的心愿都不相同，看似很小，却能带来满足感和自信。这一天有人的心愿是早起晨跑 400 米；有人是背 50 个单词；有人是预习一节微积分；有人是看完一本自己感兴趣的书；还有人是把宿舍彻底打扫一遍等。“未来驿站”通过引导学生从完成每一件小事入手，旨在培养他们脚踏实地、知行合一的精神，让他们明白所有的梦想和愿景的实现都需要踏出坚实的步伐。在“未来驿站”的活动中，不少学生们也想到了自己在“未来邮局”里写的信，结合信中给自己定的目标，查找了自己在过去 200 天的不足，发现了令人惊喜的成长与蜕变；回忆起了这 200 天来的欢笑、感动和收获，展望了未来应该弥补、努力的方向。这个活动希望告诉学生，大学要学习的不仅仅是知识，更重要的是形成一种良好的生活方式：迷茫的时候，想想自己追求的是什么；忙碌的时候，想想自己有没有缺失什么；成功的时候，提醒自己不要骄躁；失败的时候，给自己重燃信心，走向新的征程。活动的实施希望能够点燃每位学生心中的梦想，在他们前进的征程上为他们提供一个心灵休憩的驿站。

“未来”系列活动从小事着手，力图聚沙成塔、集腋成裘，最后帮助、督促学生们完成自我规划。学生参与到活动本身的设计与执行，通过自我对话对未来的概念更明确，他们在轻松的活动中体会到了未来的真谛。

第二部分 交流篇

沟通·分享·互动

开 篇 语

思想政治教育成功的关键在于能够将道德知识内化为学生内在的品质，并在不同的情境中、不同的条件下真正落实到行动上。这一过程学生需要经历认知、理解、接受、内化阶段。当前社会，网络不仅是工具，更是育人环境。辅导员可以借助易班、博客、微信、微博等载体，加之深度谈心谈话，在与学生的交流中不断了解大学生的思想动态和学习、生活情况，增进辅导员与学生之间的沟通与理解；在交流中因势利导，在互动中顺势引导。当沟通主题与大学生的社会现实生活和成长需要相联系时，当思想政治教育内容与解释和解决现实生活的道德问题及困惑相联系时，学生就会真正愿意接受并产生情感的共鸣。

第五章

谈心谈话

在大学生思想政治教育工作中，辅导员谈心谈话是一项必不可少的工作。虽然目前师生的沟通平台和媒介层出不穷，但是谈心谈话作为一种最传统的交流方式仍发挥着不可替代的作用。谈心谈话不仅可以深入了解学生的思想动态和学习、生活情况，有的放矢地帮助学生解决思想上、心理上和实际生活中遇到的问题，还可以增进辅导员与学生之间的沟通与理解，拉近师生之间的情感距离。在我辅导员生涯中，与学生的谈话记录所涉及的内容五花八门，在此本章摘录了四个案例，将围绕生涯教育、挫折教育、诚信教育和责任教育分享我在谈心谈话中的收获和思考。

第一节　我的职业我做主

【人物背景】

小林[①]，男，国际贸易专业大四学生，党员，担任班长一职，平时性格开朗，沟通能力强，曾在学校某学生组织担任经理，实践能力强。其父亲经营一家纺织品贸易公司，家境殷实。

【原音再现】

林：黄老师您好，我现在遇到个棘手的选择，想听听您的建议。

辅：好的，说来听听，看我能不能帮到你。

林：我最近收到两个单位的录用通知书：一个是较为稳定、起薪较高的某

① 谈心谈话部分所有谈话人物均采用化名，但案例均具真实性。

国有银行工作；另一个是专业对口，某家规模不大的民营贸易公司的业务员，起薪并不高。

辅：听起来好像差别挺大的，你自己是怎么看待这两个录用通知书的呢？（学生在陈述时，通常会带着自己的感情色彩去描述两种选项：对自己偏好的选项往往会用较多正面的词语去形容；而对于自己不满意的选择则会多用负面词汇。倾听时我会不断提醒自己，不能被学生带有倾向性的描述误导，应保持中立的态度）

林：我们专业有很多同学都把银行作为自己择业的第一选择。银行属于金融行业，社会声誉较好，收入也不错，加之又是国有企业，比较稳定，很多同学都梦寐以求地想去，因此我也有点动心了。可是我要是选择了银行，和我所学的专业就没有太大的相关性了。银行这周五就是签约的截止时间，所以我很纠结是否要去签约。

辅：那另外一个选择呢？

林：另外一个是一家中等规模的贸易公司，民营企业，从业务员开始做起。我当时选择这个专业是因为从小耳濡目染爸爸做生意，觉得贸易很有意思，在填报志愿的时候就毫不犹豫地选择了国际贸易。

辅：那你在大学学习期间喜欢这个专业吗？

林：很喜欢啊，大学期间我不但对贸易相关知识和实务技能有了较为全面的了解和掌握，还积极参加了学校的贸易类学术竞赛。我的毕业论文也是与自贸区相关的研究。

辅：从你的话听来，你是很期望从事与你所学专业相关的工作，对吗？（需要进一步澄清学生求职选择中的价值观）

林：是的，以前我一直希望能进贸易行业，我希望能积累几年工作经验，多年后接手我爸爸的公司。可是近几年来，由于受到金融危机的影响，我国的贸易行业大环境遭受了很大冲击，很多中小型贸易公司相继倒闭，大的贸易公司也传出裁员的声音，包括我父亲的公司近两年的出口额也大幅下降。我担心如果自己选择贸易公司不知道未来的发展前景如何。

辅：那如果你选择银行，原因就是如前面你所提到的吗？（寻找选择背后

的真实原因）

林：其实我并不是很看重薪水，我也知道我的性格也许并不适合银行那种安稳的氛围，我只是觉得如果放弃了银行，就等于放弃了稳定和高薪，周围同学肯定会觉得我不可理喻，甚至嘲笑我，觉得我很傻。

辅：那如果你进入银行后，发现自己真的不适合或不喜欢所从事的工作，那你怎么办？（帮助学生厘清选项背后可能蕴藏的风险或劣势）

林：我想我可能会选择辞职，再去寻找贸易类的公司。

辅：那你如果现在选择贸易公司的话，未来可能带来的不确定性你有想过吗？

林：我想过的，未来一旦贸易环境恶化，由于我所在的公司并不强大，我的职业发展可能会受阻，甚至我会暂时性失业，再进行第二次择业的话。

辅：那我们现在来看一看哪一种结果你更容易接受？一种是从银行辞职重新寻找一份贸易公司的工作，另外一种是你从一家换到另一家贸易公司就业。（从结果角度进行价值观排序，让学生自我判断更能接受哪种结果）

林：嗯，可能是后者吧，因为这样虽然换了公司，但我曾经的工作经验还是有积累的，生涯还算有延续。如果第一种的话，可能就是要走些弯路了。

辅：我们再来看看，是你从事一份你自己有兴趣的工作重要，还是你不被同学嘲笑重要？（从选择的动因角度再一次引导学生进行价值观排序）

（小林陷入沉默，几分钟之后）

林：老师，我想我知道怎么选择了。谢谢您！

辅：好的，那你大胆地去做出自己的选择，但是要记住既然做了选择，就要对自己的选择负责，不要左顾右盼，要在自己选择的道路上努力地走下去。无论从事什么行业，努力才会有所回报。

【体会思考】

学生在职业规划过程中，时常会站在十字路口，面对各种各样的选择，类似案例还有如“到底是选择公务员、事业单位还是企业公司”“我是该做技术岗位还是做管理行政岗位”等。当面对这些选择的时候，学生经常会表现出迷茫，因为在他们的成长过程中，很多时候学生只是不断地去执行家长的选择。这部分学生通常会呈现以下特点：第一，缺乏个人主见，易受周围舆论，尤其是朋辈之间的思想行为影响。九〇后大学生很多从小到大都是家长为他们规划了生活和学习，学生缺乏独立思考的体验。上大学后他们的生活圈发生变化，接触最多的就是同学朋辈,受周围人群影响的程度大大高于以前任何一个成长阶段，以至于很多学生无论是在修读课程，还是考证或是择业过程中都会关注同龄人的选择，产生从众心理，往往会认为“选择的人多的就一定是好的”。第二，缺乏一定的决断力，在面对选择时容易出现焦虑，缺乏独立解决问题的动力和能力。在本案例中，学生并不充分了解各选项之间的特点及优劣时，需要帮助学生进行自我探索，厘清解决问题的思路，让学生将自我的职业兴趣、价值观等与职业进行合理匹配。因此，对于学生的职业辅导实际上应该贯穿整个大学阶段，要从日常生活中去引导学生培养独立思考的意识，给学生创造更多独立选择的机会，同时帮助学生树立“我的职业我做主”的观念，要让学生明白个人生涯的发展不能单纯依靠学校或者家长，而是需要在不断实践和探索中去提升自我认知、社会认知和职业认知。

辅导员在进行职业辅导的时候也需要注意：第一，帮助学生正确认知并澄清个人职业价值观，并使之具有稳定性，能对学生未来职业发展产生内在动力和支撑。教给学生的不是告诉他应该选择什么，不选择什么，而是教会学生面对选择时应保持的态度和进行选择的方法。第二，要关注辅导员的谈心短暂性与学生受周围舆论影响长期性之间的矛盾。如何让谈心成果深入内心？这需要辅导员不断去关注和鼓励学生的发展，帮助学生意识到选择要结合自己的实际情况，并且尊重学生的选择。最终的选择一定是学生自己通过思考做出的，而不是强加给学生的。第三，在分析问题时，需要保持客观、中立的态度，不能把社会舆论或者个人的感情偏好带入辅导中，有条件的话可以借助成熟的测评工具帮助学生澄清自己的价值观,学生对测评结果的信赖度实际上是比较高的。比如，针对案例中两个选择分别进行 SWOT 分析，让学生根据分析结果再结合个体价值观做出选择会比单纯说教要有效得多。第四，引导学生在选择的过程中要注重个人才能的发挥与特长的施展，追求自我价值的实现，需要帮助学生用长远眼光看到自己的工作选择。教育学生职业选择的目的是实现其职业理想和个人价值，同时也要让学生明白，任何一种职业理想的实现过程并不是一帆风顺的，要在学会选择的同时学会担当选择后可能产生的结果。

第二节 没有礁石哪来浪花

【人物背景】

小英，女，来自西部某城市，高考成绩优秀，进入大学后参加英语分班考试，由于成绩不理想，被分到 C 班（即普通班），此后该同学情绪一直低落，感觉很有挫败感，觉得自己前途黯淡，开始出现旷课现象。

【原音再现】

辅：据说你最近几天英语课都没有去上，也没听说你请假，我想知道你是不是身体有什么不舒服？（从关心个人身体作为话题切入点，比直接询问旷课更容易拉近与学生的距离）

英：老师，我心里很难受，所以不想去上英语课。

辅：可以和老师谈谈难受的原因吗？

英：上周我们英语分班考试的成绩出来了，我考试的时候，没发挥好，被分在 C 班，我寝室就我一个人在 C 班，其他三个同学都在 A 班。没想到一进大学就受到这样的打击，真的接受不了这个现实。

辅：原来是为英语分班的事情啊，是不是觉得很不服气、很委屈？（让学生觉得被理解了）

英：是的，老师，我的英语以前一直学得很好的，我完全没想到自己会被分到 C 班。我觉得因为一次考试就否定我的英语水平太不公平了。

辅：小英，没有人否定你的英语水平啊。你了解英语分班教学的目的，A、B、C 班教学的区别吗？（引导学生从另一个角度分析问题，看待结果）

英：不是很清楚，只晓得这三种班是按照分数排序的。C 班是成绩最差的班。

辅：我们学校由于招生范围遍布全国，虽然大家高考时的英语分数都还不错，但是各个地区考卷不一样，因此考生的英语水平差别还是很大的。为了让这个专业的同学在大学期间能够更加有效地提升英语综合能力，而后能适应全英文的专业课学习，学校针对不同基础的学生开设了英语分类教学。你看看 C 班的课程表，每周要比 A 班多 2 个课时，授课内容也是从加强英语基础的学习开始，这样更有利于英语学习的循序渐进，帮助你们更加适应后面阶段的学习。

英：可是我还是觉得进 C 班太没面子了。我觉得自己英语水平还可以啊，我高考的英语分数是 135 分呢，高中时还是班里的英语科代表，这次分班考试只是因为我发挥失常了。

辅：哦，听上去你自我感觉英语水平还不错，你认为这次考试没有把你的真实实力显现出来，对吗？（确认学生的真实感受）

英：是的，就是这样。

辅：那你在考试的时候发现自己哪部分做得不好呢？（帮助学生将挫折正确归因，很多学生无法避免挫折，就是因为没有真正找到挫折产生的原因）

英：我感觉我的听力部分做得很差，几乎都没听懂。我觉得和我原来高中做的卷子差别很大，原来我们听力很慢的，而且分值也没这么多。

辅：那其他同学考完后感觉如何呢？

英：这……我们寝室几个上海的同学说他们都听懂了。我感觉好像她们的听力和口语是比我要强一些。

辅：是不是发现差距了？如果现在重新再放一遍录音，你觉得你能全听懂吗？

英：嗯……好像……还是不能。

辅：发挥失常是指你没有把你的已有实力展现出来。你现在还觉得还是因为发挥失常吗？（帮助学生正确归因）

英：老师，我明白了，看来我的确在听力这一块是有欠缺的，以后我要加倍努力了。

辅：这样看来这次考试虽然结果不太理想，但是让你发现了自己的薄弱环节，找到了努力方向，这样想是不是感觉好一些了？

英：嗯，这样一想，好像这事儿也并不是坏事啊。我会加油赶上的！

辅：好的。据我所知，如果你现在加倍努力，第一学年考试成绩足够优异的话，等到你大二时，是可以申请转入 B 班的。

英：真的吗？那太好了。我一定争取，不辜负老师的期望。

【体会思考】

学生从高中进入大学，在刚接触到新的环境时，往往会出现学习、生活、情绪上的不适应。而现在的九〇后大学生大多数在其过往的生活中过于顺利，缺乏挫折经历，就算遇到困难、挫折也会有父母帮忙化解，所以当其独立面对挫折时，通常会出现以下特征：第一，仅看到挫折带来的负面因素，易于出现情绪低落、灰心，有的甚至会将挫折产生的负面影响放大化、严重化，继而可能产生自暴自弃的心态和行为；第二，缺乏自我责任意识，易于将挫折习惯性归因于外部因素，由此抱怨客观条件、愤世嫉俗，反而很少从自身角度去寻找原因，发现问题的根源。

当学生面对挫折出现情绪上波动时，辅导员需要敏锐地发现问题，及时有效地介入，给予学生一定的帮助和支持，防止或减少学生产生进一步行为异常的可能。辅导员应帮助学生树立面对挫折的正确心态，首先需要鼓励学生对于挫折不能盲目悲观，要帮助他们认识到任何人绝不可能是一帆风顺的，人生道路上的挫折是客观存在的，遭遇挫折是不可避免的现实。第二要帮助学生学会控制挫败感带来的负面情绪。辅导员谈话时不能被学生的情绪所影响，需要倾听，在了解学生的内心真实感受的同时帮助学生理清所述事情的真实情况，找出问题的本质，防止学生将挫折产生的负面因素扩大化，造成更加负面的情绪蔓延。第三，需要帮助学生学会从挫折中寻找原因、吸取教训、总结经验。辅导员要站在客观角度去帮助学生寻找挫折产生的原因。这种原因可能学生一开始并未察觉到，这需要辅导员帮助其寻找。同时要合时宜地转移学生对于挫折的关注点，引导学生从挫折中去总结教训，吃一堑，长一智，尽可能避免再遇到同样的挫折。第四，帮助学生寻找可以化解挫折感的机会和渠道，与学生一起去挖掘挫折中的积极因素，给予学生鼓励和支持，传递给学生正能量，让学生看到希望，重新认识自我，从而激发学生的潜能。挫折就好像人生长河里的礁石时时环绕着我们每一个人，浪花不停地撞击着它，溅起无数晶莹剔透的水花，只要我们不溃退不言败，礁石就只会被激越的浪花所冲刷，就只会如垫脚石般增加我们的高度，厚重我们的人生。

第三节　有一种资本叫诚信

【人物背景】

小华，女，大三，成绩较好，性格比较内向，本科毕业后不打算直接就业，暑假一门心思积极准备考研。而学校的实习正好安排在她复习迎考阶段，她认为实习会耽误自己的复习进度，为了应付完成学校要求的毕业实习任务，就从网站上购买了一份假的实习证明和实习报告。我发现了这份假的实习证明之后找她谈了话。

【原音再现】

辅：听说你最近复习得很辛苦，每天很晚才回寝室？（谈话前一直在想是否要单刀直入地询问实习报告造假的事，但是考虑再三还是觉得应该先从关心的角度出发，想看看是否学生会有一些其他方面的原因）

华：嗯，最近比较忙。

辅：再忙也要注意身体，你看你最近又瘦了。没有良好的“革命本钱”怎么在考研大军中脱颖而出呢？你的英语一直不错，应该没有大问题。数学和政治复习得如何呢？（让学生觉得你是了解她的，关心她的，同时应该也是可以理解她、倾听她的人）

华：老师对不起，我压力真的很大，我也不想那样做的，我也没有办法。

辅：好吧，现在可以和我谈谈你对毕业实习的认识吗？（先听听学生的看法，不急于直接批评学生）

华：老师，我真的觉得考研的同学没有实习的必要。你知道吗，我们真的很苦啊，每天早出晚归，一整天都泡在图书馆看书复习！我们现在也不就业，如果等到读研快毕业时再去实习岂不是更有价值。现在去实习就是浪费自己宝贵的复习时间啊。我去网上买报告也纯粹是无奈之举啊。（学生其实内心知道自己在网上购买假报告的做法有违道德标准）

辅：噢，原来你认为只有就业才需要实习，对吗？（确认学生的认知偏差）

华：是的，我是这么认为的。

辅：其实学校在课程体系中加入毕业实习环节是为了帮助你们提高对专业知识掌握和运用的能力，也是对你们专业知识在社会上应用水平的一种评估，所以毕业实习不能仅仅看作是为就业而准备，而应该把它当成是专业学习和评估的一部分，是本科生毕业前必须完成的学习任务之一，这也是为什么毕业实习是有学分，并且记入必修课当中的原因。（让学生认识到实习的本质和目的）

华：哦，可是由于学校要求每个学生从大三暑假开始到毕业答辩前要参加至少 2 个月的毕业实习，暑假正好是复习考研的关键时期，为了安心复习，我就根本没去找实习。何况我到现在连数学都没复习完，哪有时间实习呢？

辅：所以你现在要学会管理时间啊，掌握了管理时间的方法会帮助你大大地提高考研的复习效率。比如，你可以制订一个考研复习计划和实习计划，这也是对你规划能力的一种培养哦。（帮助学生寻找冲突解决方案）

华：是啊，老师，我就是没有什么规划，感觉走一步看一步，所以事情一多就开始混乱了。不知道老师有没有好的建议？

辅：你可以把考研和实习计划分开制订，把考研复习科目或板块根据紧急和重要程度进行排序，按周制订计划。实习你可以放在考研结束后也就是明年 1 月份启动，因为我们的实习报告提交截止时间是在明年 4 月份，所以其实你还有 3 个月的时间可以实习，这样你完全可以先考研再实习啊。

华：听起来好像是哦，那就是说我完全不需要一定从现在开始去找实习啊。

辅：是的，如果你好好规划的话，完全可以实现实习和考研的平衡。

华：那么看来其实我根本就不需要去买假报告了？我太傻了，干吗去做这种事啊！（学生已经意识到自己的错误）

辅：这里我还想请问你能告诉我你是怎么获得购买实习报告的信息的呢？（继续提问，了解学生违反诚信这一行为的诱因）

华：我在上网的时候无意间看到有论坛里发了个帖子，说能出售实习报告、实习证明，还可以给实习鉴定表盖章，有些甚至还说可以代写毕业论文等。于是我就鬼迷心窍地买了份实习报告和证明。

辅：你看，这样做假你浪费的是金钱、老师对你的信任，还有宝贵的实践锻炼机会，而得到的是仅仅是一份虚假的实习报告。

华：是啊，我现在真的很后悔，的确不该去网上买实习报告。而且我拿到那报告后，发现写得真的很差，一看就是编造的。

辅：所以我希望你要引以为戒，再也不要做任何有违诚信的事，否则以后你会发现无论生活、工作还是学习，你的交往成本会很高，没有人会愿意和一个欺骗自己的人交往。（要让学生明白问题的严重性）

华：好的，老师谢谢您的帮助，我再也不会做这样的事了。

辅：另外，你以后上网时，要注意甄别网上的各类信息，不要被一些不良信息所迷惑，要学会坚守原则和道德底线，坚决去抵制那些诱惑，学会过滤网络信息。

华：嗯，老师我明白了。我今天回去就准备好好做一份时间计划。

【体会思考】

诚信是最基本的社会道德规范和准则。而在市场多元化发展的今天，社会上出现的很多不良现象给大学生的道德诚信教育也带来了很大冲击。在本案例中，学生利用网购方式获得虚假实习报告，从动机上看似乎单纯是忽视了实习的价值，但事实上更重要的是折射出学生在诚信道德上的缺失。类似还有网上购买证明，贫困申请虚构、简历注水、论文抄袭等。近年来，这类现象呈上升趋势，主要原因在于一方面高校对于此类问题的违规认定存在难度，相比考试作弊这类在校纪校规中明文规定的诚信问题惩处力度较小、违规成本较低，学生往往抱着侥幸心理。另一方面，随着网络应用的普及，学生可以通过网上交易或信息传播途径非常便捷地完成违规，且隐蔽性较强不易被发现。因此，在高校中加大诚信教育，对大学生健康人格的形成、学业的发展具有重要作用。

香港著名企业家李嘉诚曾提到“诚信就是资本”，是一个人在社会的立足之本、发展之本。随着大数据时代的到来，个人征信档案将不断完善，大学生更应以“诚信明义”为原则，求真务实。辅导员在面对学生出现诚信缺失问题时：第一，要旗帜鲜明地指出诚信问题关系到个人道德品格的严重性。第二，辅导员也需要在教育过程中深入了解学生的心理动态和想法，挖掘学生在犯错背后隐藏的深层次原因，不能一味地批评责备。批评只是手段，而不是目的，道德教育要直达心灵深处，让学生接受、认同、内化。第三，面对社会上各种不良思潮的影响，辅导员要时刻保持警觉，要引导、帮助学生学会甄别网络信息，去伪存真，构筑诚信自律体系。学无信不才，人无信不立，国无信不强，在全社会大力倡导诚信的今天，辅导员应该努力将大学生培养为诚信的实践者和传播者。

第四节　请做好掌舵的准备

【人物背景】

小杨，女，大二，班长，组织能力强，工作认真，上进心强。由于感觉学习和工作无法平衡，为了获得更多的学习时间，想辞掉班长一职，主动找辅导员谈话。

【原音再现】

杨：老师，您好！我今天想找您谈谈。有件事压在我心里很久了。我一个暑假都在思考，终于还是下定决心了。

辅：好的，你说说看，什么事。

杨：上学期末，我考得不是很理想，我想把班长的工作辞掉。

辅：能谈谈原因吗？

杨：从担任班长以来，我一直希望把我们班级建设好。所以每次班级活动，我经常为了准备活动材料或是写工作总结熬到深夜。但这个时候，我发现我身边其他同学都在看书、复习。大二了，我发现大家都开始忙着考证，而我自己还没什么规划，感觉压力很大。

辅：你是觉得班长这份工作有点影响你的学习了，是吗？（澄清问题本质）

杨：可能是会有一点吧。我自己也知道，一个人的精力是有限的，作为班长，如果我在自己的事情上花更多的时间精力，势必对班级工作会产生影响。比如，期中考试那段时间，如果我晚上都用来看书复习，可能我的期中考试成绩会好一些。但是我们班的活动就可能无法顺利开展了，更别说拿奖了。

辅：嗯，我也知道你的确是个非常认真负责的学生干部。那你有尝试过在工作和学习中去寻找一种平衡吗？

杨：我尝试过，但是好像很难，一方面自己想要学好自己该学的东西，另一方面又觉得自己是班长有责任把班里的事情做好，不能对班级事务不顾不看不管。这种矛盾有时候会让我觉得很累，以至于我在工作上提不起干劲，在学习上也不能集中注意力。

辅：其实你遇到的所谓工作和学习之间的矛盾问题，你有想过换种角度去思考吗？你们一个班有 7 名班委，为什么班里所有的事务和活动你都习惯一个人去承担，而没有考虑过用团队的力量去解决，如果由一个团队去完成，你的压力是否会小很多？

杨：这……可是我很担心其他人去完成的话，完成的效果会和预期有偏差。

辅：你作为班长有责任和义务去带领一个团队，同时也应该有责任和义务去帮助更多的同学提升能力，并为他们提供机会和平台。目前看来，也许其他同学在能力上不如你，任务完成的质量会打折扣，但是这又何妨呢，活动拿不拿奖并不重要，重要的是班级每个同学的发展和进步，这样这个班级才有凝聚力。班级建设不是一枝独秀，一个集体的共同进步才是真正的进步。更何况也许班里藏龙卧虎，有很多有能力、也想为班级作贡献的同学正找不到施展才华的机会呢。

杨：老师，您的意思是其实班级的很多事情我是可以分配出去的？

辅：是的。你作为班长，主要负责的是班级凝聚力建设的整体规划，你要让每个班委各司其职、每个乐意为班级做贡献的人能够发挥所长。对于其他同学在开展工作中遇到困难你可以提供指导和帮助，这才是真正地帮助同学。当然你要对分配出去的工作及时地跟进和督促。这也是对你团队组织能力的一个考验。

杨：如果这样的话，貌似我就可以有多余的时间来学习了。

辅：是啊，如果这样是不是你就不会那么纠结了呢？

杨：嗯，好像是的。老师，你知道吗，我比较难过还因为上一次期末成绩不理想，没拿到奖学金，因此在之前评选“优秀学生”时，虽然我其他条件都符合，但就是因为没有奖学金而没有申请资格，心里很懊恼，有种欲哭无泪的感觉。

辅：你是觉得你辛辛苦苦地付出却没有一种比较显性的认可，对吗？（澄清原因）

杨：是的，老师我真的很纠结，虽然我也知道不要过分看重这些荣誉，但是我真的很想让自己大学期间不留什么遗憾，我也希望自己的努力能被某种形式肯定和认可。

辅：嗯，作为班干部，你们每个人都是自愿报名，班级民主选举产生的。这个职位既包含了班级所有同学对你的信任和需要，同时应该也包含了你对自我超越和自我完善的一种期望。你现在回头看看，班级同学对你信任吗、需要吗？

杨：是的，我能感受到班级同学对我工作还是很认可的，无论谁有什么困难或者疑惑都会来问我。

辅：那你自我完善、自我超越的期望实现了吗？

杨：这个……好像还没有。

辅：其实现在如果你能带领好一支团队，并帮助整个队伍提升能力，难道不算是一种自我超越吗？如果你能在学习上更加注重效率，管理好时间，成绩更上一层楼，实现自己工作和学习的平衡，难道不是一种自我完善吗？

杨：好的，老师，我终于明白了，原来班长这个职务包含了这么多的责任。我想既然选择了这份责任，我就不应该过多地关注自己的得失，还应该多多考虑一下班级发展、同学的发展。我会有信心做一个好班长，并处理好自己学习和工作的关系的。谢谢您！

【体会思考】

本次谈话主要围绕责任问题。大学生活总是会给学生提供一些展示身手的机会，很多学生抓住了机会，并在机会中担负起了自身的责任，体现出了自我价值。但是当个人利益与集体利益发生冲突时，一些学生干部对于责任的认知容易出现动摇。在本案例中学生干部在班级事务管理上必然会牺牲和付出更多的时间和精力，当这种付出可能影响到自身利益时，学生容易陷于思想上的两难境地，毕竟与自身利益相关的荣誉成绩更多是显性的，而对于班级建设的付出和奉献大多是隐性的、难以衡量的。加之受到社会上实用主义、功利主义的影响，学生的价值观容易发生偏离，往往会对集体责任采取逃避的态度。而事实上，学生干部在一个特定的学生群体中就如同船长，需要时刻做好掌舵的准备，哪怕遇到大风大浪也不能放弃，这是船长这一职位所赋予的职责和使命。因此，当学生干部面临这种工作与学习生活之间的矛盾时，辅导员可以引导学生重新反思自己竞聘时的初衷和所追求的价值，牢固树立责任意识；同时要帮助学生意识到学生干部不仅是一个称号，更代表着一种奉献和责任，而责任能力培养的过程，不能仅停留在口头上，必须置身于实践中，去切身体验责任的分量。

当学生在履行责任的过程中遇到困难时，辅导员要积极帮助学生寻找解决困难的方法，进一步提高学生的责任实现能力，增强其完成责任的信心。比如，本案例中后续需要加强对该学生时间管理能力和团队组织领导能力的培育，不断提高学生干部高效驾驭工作的能力和水平。

辅导员要让学生理解责任既是一种客观需要，也是一种主观追求。很多学生将责任与个人利益视为相互矛盾的两个个体，而事实上，两者是辩证统一的，当一个人对自己、对他人、对社会承担起了责任，做出了贡献，其存在也才有价值，其个人才能实现自我的成长与发展，因此责任意识提升实际上与个人成长是相辅相成的。

第六章

博文心语

网络时代博客的运用，有效地拓展了思想政治教育阵地空间。从2008年起，我建立了“静姐姐博客”。目前已有近五万人次的浏览，一千多名好友，日志数量近千篇。在那里，我会晒出自己过去的求职经验、工作经历，也会对学生感兴趣的话题进行资料收集，同时也把一些学生遇到的常见问题整理汇编。对我而言，每一个点赞都是莫大的鼓励，每一条回复都让我倍感兴奋，每一次转发都给予我坚持的动力。本章摘录了军训生活、生涯指导、英国挂职三个主题的部分博文进行分享。通过博客这条无形的纽带，他们更加了解我，而我也更加了解他们，我想这就是心灵的互动吧。

第一节　那些年，我们一起迷彩的日子

2011年7月1日　23:59

9:00，开会，布置全团工作。

10:30，开会，迎接军训教官，三位九〇后小教官，有点腼腆。与教官一起吃中午饭，没吃饱。食堂的饭菜真不合我胃口。席间连长不小心把啤酒打翻了，全身被酒打湿，可怜的我只能换军装。

16:00 ~ 17:00，看场地，一连的场地树荫挺多，很好很强大。不过有点晕，饿了。

17:30，集合，人好多。200多号人的连队是有点夸张，幸好有副排长、军助的鼎力支持，还算顺利。集合完毕一身汗。

入营仪式，何海鹏同学虽然有点小紧张，但还是蛮给国贸2010级长脸的。

两位国贸2010级的旗手很尽责，表扬一记。

国防电影没空看，因为忙着处理身体不适的学生，指派军助护送到医务室，忙着看合唱比赛通知、军旅之声通讯稿通知、易班通知，又开始晕，困了。

电影结束，踩点，编排队形。介绍实习辅导员王菲老师给学生们。虽然今天学生们还有点不紧不慢、拖拖拉拉，但相信随着军训的进程他们会越来越有纪律性和自控力。

21:30，班长、团支书会议，布置一堆事宜，他们也不容易，天天被我折腾。

22:30，回学校湖滨楼，军训期间把老公暂时抛弃了，要体谅我哦。洗洗准备睡觉。发现自己怎么还没军训就晒黑了一圈。

23:00，准备第二天需要的材料和通知安排。

23:15，发现怎么这么多学生还没休息呢？都在QQ上挂着！

24:00，睡了，明早又是一个艳阳天！

2011年7月3日　00:02

今天算是正式训练的第一天。

早上集合，很准时，三个排都不错。打听了一下，据说早上起床哨还没吹，大家都起来了，被热醒了，可怜的娃啊！

上午收了12篇通讯稿，写得很好，没想到这么多人对于昨晚的电影深有感触。

训练天气很火爆，上午晕倒了10多个，张娴静、李凯、林秋凤、王菲忙得跑不过来，要不是他们，我估计也会晕倒。几个女生休息一会儿归队训练，很感动！不过亲爱的同学们，身体第一，千万不要硬撑！不舒服就及时打报告！

中午12:00开会，外卖不给力，送来时已去开会了，下午13:30赶上吃中午饭，桂林米粉真好吃。

下午室内训，学生听讲座。正好一个2006级毕业的学生来学校看我，抽空聊了聊他的生活和工作，在东京日联银行，过得还不错。他说："很羡慕坐在教室里面的小朋友，年轻真好！"我说下次和2010级的同学聊聊吧，他说好。

学拉歌，虽然分在不同的教室，但很有气势。小石同学虽然有点小，但站在椅子上指挥，那气场有没有？

晚上回寝室检查内务卫生，虽然只抽查，但都很不错，居然有寝室叠出了豆腐块被子，图片明天发！还没走到男生寝室楼下，就听到任陆山的声音从水房传出，我只想说：兄弟，你能不能降个调唱？

检查完内务从男生寝室下来，碰到了陈方旭，他说：“老师，我们寝室也很干净，你快来看看呀。”突然觉得蛮内疚。希望一团四连今天带病坚持的你们：周小旗、殷琪、蔡雨生、姚旭栋、万世超、顾履夷、骆英杰、陈方旭、张玮昉、严艳玲、胡佳丽、陈凌、吴俊捷、何婷婷、杨文怡、陶朝颖、魏纬、薛怡文、丁奕枫、应理茜、乔丽萍、牛宇维、季莎莎好好休息！注意身体！

我们一连的兄弟姐妹们是挂念你们的！是会为你们加油的！

晚上，一个人走在安静的校园里，林荫道上似乎还能感受到白天整齐步伐踏出的痕迹，我仰头看了看，天空繁星点点。明天又是新的一天，充满汗水的一天。

记得入营仪式上的一句话，“我们不需要努力就能得到的就是年龄”，希望明天的我和你们，收获的不仅仅是年龄！

晚安，我的一团一连。

晚安，我的国贸 2010 级。

2011 年 7 月 4 日　22:51

6:20，我还是很顽强地爬起来了，虽然刷牙时看到自己有点目光呆滞。

7:30，集合完毕，不出所料的高温。

通讯稿里给了我们的小连长好多赞美之词，会不会让其他两位羡慕嫉妒恨啊？嘻嘻！

也许是昨晚拉歌的效果，今天大家士气很高涨，效果也不错。

期间休息，目睹了传说中的校草风采，内敛啊有没有？

山哥又唱了山歌，声嘶力竭有没有？

中午在办公室小睡 15 分钟，看到被医生允许停训的沙姐横着走来，不辞辛劳地编辑 MP3，实在不好意思再睡，爬起来继续讨论红歌。

可以免训的港台同胞小爱同学真的很大爱，挑起了舞蹈编排的重任，男生被指挥得一会儿托举一会儿下跪，都表现得很绅士。

因为开会错过了合唱排练，那叫一个悲剧，据说场面很热闹，尤其是男生。

晚上继续排练，文武达人为了我们连队的伴奏，来回奔波于寝室、办公室、篮球场之间，那叫一个给力。

拉歌今天找了二连，“你们不来微积分过不了啦”，这拉歌词才叫那个一针见血啊！

回到家，累得趴下，打开包，包里的增白面膜还原封不动。就这样吧，就让姐黑到底吧。

辛苦的一天即将结束，明天将是属于正步的一天。

这样的辛苦和汗水让我们品尝了军训的艰苦，也感受到了通往任何成功的道路都不是一帆风顺的。

不久的一天，我将加入你们的行列，与你们一起齐步走、稍息、立正、踢正步。也许我们的步伐还不太整齐，也许我们的军姿还不太标准，但是我们有一个信念：

我们是永不言败的一团一连！

我们是勇争第一的一团一连！

晚安各位！

明早军容风纪评比，姐要睡个美容觉啦！

2011 年 7 月 6 日　23:29

晚上训练完，想起办公室的晚饭还安静地在桌上。已经没了胃口，到外面吃了碗牛肉面，开始回想军训的第六天，心情很复杂。

秦志一哮喘突然发作，让我很揪心。在医院看着她虚弱地躺着那里，我眼睛不禁湿润了。当她神智恢复过来时，我握着她的手劝她回家休养，她却说：“让我留下吧，我要和他们在一起，哪怕是给他们写通讯稿也可以。”

舞蹈排练场上，何海鹏、张逸峰、卢天爱、马晓琴一次又一次地跪在坚硬的水泥地上，为了完成一个又一个完美的造型，宁愿光着脚，膝盖上全是淤青，而他们没有因为一个人动作的失误而埋怨，只听到他们不断地相互鼓励和不断地练习、练习、再练习！

常沙的腿部皮肤已经磨得快感染了，每天出门闷热的军裤里必须要再穿一条睡裤才能防止感染加剧。她流着泪，不把医生开出的假条给我，说哪怕上不了场也要在一旁当军助！

汪士尊为了给男生们唱《咱当兵的人》找到合适的曲调，自己用钢琴伴奏后再录下来，当大家都在午休时，他整个中午都在编辑剪切歌曲！

邹正天、王安琪、汤立融等男生把自己保持了很久的发型做了改变，不为别的，只为了这个集体这个家！

我们的教官，声音其实已经有些嘶哑了，但是还是一如既往地喊着嘹亮的口号，甚至不拿喇叭。

我们的教官蒋鹏，在女生方阵休息时，他没有休息，而是继续训练男生方阵，甚至没有给自己喝一口水的时间。

我们的军训助理张娴静，每天中午都是在办公室打个小盹，军训期间走的路，不比连队任何一个人少。

我们的女生方阵，每个人都充满激情，她们平时虽然很温柔，但此刻都生怕自己的口号不够响亮，生怕自己的一个动作失误让团队受影响。

这些人，为我们一团一连这个集体默默地奉献着，他们这样做是为了什么？他们超越的不是别人，而是自己！

国贸的同学们，学生会的成员名单上有你们的名字，奖学金榜上有你们的名字，商战展示现场上有你们的名字，区县经济论坛比赛上有你们的名字，暑期社会实践中标项目中有你们的名字，毕业典礼志愿者上有你们的名字，校庆志愿者上有你们的名字……

希望军训阅兵式的锦旗上有你们的名字，未来外贸的每一块光荣榜上都有你们的名字！从明天开始用你们的实际行动来告诉所有怀疑的目光——我们是响当当的连队、呱呱叫的兵！

2011 年 7 月 12 日　00:26

这是我做辅导员生涯的第四次带军训，也是我在那次手术恢复后首次带军训。也许是身体原因，很多时候觉得有点力不从心，但是让我欣慰的是，这一次，我遇到了一支让我可以记住一辈子的连队——一团一连。军训的这几天，和他们朝夕相处，他们给了我太多的勇气和希望。

看到好多女生脖子手臂都晒出了痱子，她们涂着厚厚一层痱子粉仍然坚持站在队伍里。

看到好多男生为了军容风纪，毅然剪掉自己心仪已久的发型。

看到好多同学，烈日下头晕目眩经过短暂休息又主动加入训练队伍。

看到好多同学，皮肤发炎、脚底有水泡，仍忍着痛踢着标准的正步。

看到好多同学，牺牲中午休息时间为合唱排练，制作 DV。

看到三位教官，总是让同学站在树荫下训练而自己顶着烈日。

看到三位军助，在到处奔波为提供最好的后勤保障尽心尽力、默默无闻。

看到被无奈分出到其他连队的国贸同学给我们的祝福。

我们有过埋怨，有过争吵，有过失望，有过泪水。

我们也有过放声欢笑，有过一起呐喊，有过点燃激情，有过相互扶持。

七月的盛夏，我们等待着收获胜利的果实。

七天的汗水用来宣告：这一切，我们值得拥有！

记得那句：第一个冲过终点的通常听不到掌声，因为每一个冠军都是寂寞的。

我想说：我们不要做寂寞的冠军，我们相拥在一起，不寂寞！

第二节　长明灯为你照出一片天

2009 年 11 月 25 日　说说我的想法——关于网申

今天很多同学来学校参加松江七校招聘会，我也顺便了解了大家现在在求职方面的一些情况，有些东西我本想开年级大会时说，但是时间真的很有限，我还是早点一吐为快吧。

今天讲讲网申，先来说说心态问题。

很多同学告诉我，他们投了很多简历，但是就是没有回音。每天花了很多时间做网申，可是得来的却是一封封冰冷的拒信。我问大家投了什么公司啊？报出来的公司名称让我不得不佩服同学的勇气，不仅仅是世界 500 强，而且是世界 500 强里特别有名气的，如宝洁、沃尔玛、玛氏、汇丰、飞利浦、强生等。

我想说的是：进世界500强的人肯定是强人，你是吗？

这样吧，问几个问题：

（1）把你的简历和自己学校的500名毕业生简历（包括研究生）放在一起，你能排到前10%吗？如果你可以在5秒钟之内斩钉截铁地告诉我：Yes！OK，继续往下。

（2）如果把你的简历和上海各大名校（如复旦大学、上海交通大学、上海财经大学等）的500份简历（相关专业）放在一起，你能排到20%么？如果你可以在5秒钟之内斩钉截铁地告诉我：Yes！OK，继续往下。

（3）如果把你的简历和全国名校（如北京大学、清华大学、浙江大学、南京大学）还有海归的500份简历（相关专业）放在一起，你能排到前30%么？如果你可以在5秒钟之内斩钉截铁地告诉我：Yes！OK，恭喜你，你可以继续网申这些好公司了。如果是No，那么请你好好思考一下，你的目标是不是有问题。

好公司、大公司谁都想进，但希望大家在投简历前评估一下自己，是不是真的符合公司的要求。如果你是外贸的优秀者，那你在面对复旦大学、上海交通大学、上海财经大学、浙江大学、南京大学时是不是同样出类拔萃？可以看到大公司的宣讲选择这些学校就注定了他们对这些学校学生的偏好。你要想在芸芸众生中获得一次面试机会，就要能找出自己比这些名校至少一半学生优秀的特质。比如，国际竞赛的获奖经历、知名学术类竞赛参与经验、世界知名企业的实习经历、出众的社会工作能力、丰富的校内外实践经历、流利的英语水平、与公司总部对应的第二外语能力、高GPA（学分绩点）……如果这些你有一项或几项，你可以试试。如果你这些都没有，去网申世界500强，被出局不足为奇。

再来讲讲技巧问题。

我一直觉得探讨技巧，其实比较肤浅。技巧是最容易掌握的，但也是最不能让你长足发展的。个人的综合素质才是对方最为看重的。很多学生希望我告诉他们一些求职技巧、简历技巧、面试技巧，实际上说了大家都会。有些时候，心态比技巧更重要。

关于网申的技巧，首先请明确一个问题：简历通过率，从高到低是 E-mail 精准投递＞公司官方网站网申＞招聘网代理网申（招聘网站是前程无忧、智联招聘、中华英才网等），所以如果你知道招聘单位的电子邮件，最好是直接发邮件过去。

信息要填完整，千万不要留白。网申是电脑自动按照关键字来检索的，如果你资料上没有人事（HR）设置的某类关键字，你就有可能被筛选掉了，所以填写资料尽可能覆盖这些关键字（当然你不可能知道关键字是什么，所以就是尽可能地完整），一般情况下，关键字会是这个岗位要求的基本素质和惯用的专业术语。关键字搜索中还有可能是与他们产品或客户相关的公司，所以在工作描述中，可以列举出来一些知名公司。这些可能成为电脑筛选简历的搜索关键词。

对于开放性问题，尽量用满所给字数限制但不要超过，限制 300 字，你只写 100 字的话就太过分了。回答开放性问题要摆事实，不要讲道理，他们不要看空话废话，要用细节和事例来证明，提高可信度。

申请职位要特别慎重，虽然有些可以重复选，但是尽可能不要多选，最多选 2 个，而且是有相关性的 2 个，否则给人"乱投医"的感觉。最好一个，给人的感觉是你对这个职位志在必得。

申请资料的填写，如实习经验和专业技能等和你所申请职位的匹配度一定要高，要覆盖职位的关键字。

期望薪金要慎重。大公司的薪水有专门的薪酬系统，不是你说多少就多少的。最好写面议或和市场行情持平。

实习经验的格式纲领式比一大段成堆文字效果好，写实习经验时一定要有头衔，如销售助理、人力资源助理、财务助理等。

GPA 和专业排名可以同时写在简历上，尤其是在 GPA 不高但专业排名比较靠前的情况下。

推荐信这项千万别说谎，HR 可能在面试中会问到。

所有网申材料自己留底一份，如果通知面试，自己要复习一下网申的内容，记住你的回答。面试时会针对你的网申材料提问的，那时你必须提供一致的信息（如网申时问你大学期间印象最深刻的活动是什么，你如果在线回答是一次学术类竞赛，结果面试时说的是一次志愿者经历，那就惨了）。此外，留底还有一个好处就是大公司的开放性问题大同小异，其实不同公司的问题答案可以相互借鉴。

对于谈谈你 3～5 年的规划，实际是问你应聘的深层次动机，看你是否具有稳定性，回答不要过于具体，“3 年成为主管，5 年成为经理”的回答是很幼稚的，在不清楚对方职级和晋升条件的情况下这样的回答是不明智的。

避免随便谈自己的弱势，就算是缺点也是与这个岗位的要求不相关的缺点。

如果有笔试通知，及时确认，不要轻易让招聘方重新安排，除非特殊情况。

尽量在 Word 中写，再粘贴到网页上。因为 Word 可以显示拼写错误。网申绝不允许出现拼写错误。复制粘贴时，注意格式变化。特殊符号可能会变成乱码符号，提交之前请检查、检查再检查！

有些公司提交后虽然可以在规定日期之前修改，但是不要过于频繁地修改。修改次数过于频繁公司系统会有记录的。

最后一条，也是最重要的一条，任何一家公司的网申之前，请先去了解公司。了解公司的文化、核心业务、中国分公司的发展情况，这有助于更好地契合企业要求，企业的官方网站的风格、用词、对职位的描述也会给你提供一些关键字的线索。

请不要再看到校园招聘就点进去，然后就开始一阵狂填，太累！网申都是大公司，大公司竞争肯定激烈，据了解网申的淘汰率是 90%，所以一定认清自我，有的放矢地网申！

2009 年 11 月 27 日　说说我的想法——关于银行

今天问了一些同学，“有实习么？”“没有！”“投了哪些公司啊？”“老师，我投了很多哦，如中行、农行、建行、交行、广发、光大、深发展……”好家伙，几乎市面上存在的银行都投了个遍。“其他公司呢？”“好像都没怎么投。”现在回头看到别人拿了录用通知书了，幡然醒悟，哎呀，我当时都没投。

为什么有这么多优秀的同学宁愿放弃许多与自己专业知识对口的国企、外企去选择银行做柜面。这是一个很奇怪的现状。

看上去很多银行在招人，可是你有没有想过，为什么要选择银行？至今为止给我的答案只有两个：安稳+高薪。有多少人真正了解银行的工作？有多少人通过在银行内工作过的亲朋好友询问过银行的组织架构、部门职能、应届毕业生的发展空间、员工的晋升体制、员工的工作状态？大家身边不是缺乏银行资源，但询问最多的问题就是：你们银行收入怎么样？刚进去能拿多少钱？我不否认银行工作的稳定和收入,但是大家没有必要把自己的目标定得如此狭隘，更没必要不管自己是否喜欢就一窝蜂地上。

我在银行干了一年，这一年是做柜面，我只能针对这个岗位谈谈看法，其他部门我不予评价。我本科毕业那年是 2002 年，国际金融专业，不否认，这个专业在求职银行的过程中的确比国贸有优势（同理，银行同等条件下偏爱专业为金融、财务管理、会计、营销的学生）。培训 2 周，轮岗 2 周。轮岗期间我很兴奋，因为每天学到的都是不一样的，轮岗是在储蓄、出纳、会计、复核票据、银行间票据交换这几个窗口轮，也就是对私和对公业务的轮换，与信贷和行政部门不搭界。轮岗期间也学到了不少东西，但是之后就在储蓄柜台做了一年，做的内容就是存取款、公共事业性缴费、开销户、兑换外币、电子银行办理、打印对账单、报表等，做得最多的事情是数钱，用得最多的是键盘右边的数字键，唯一可以用到英语的时间就是外国人来兑换外币时。由于储蓄是周六上班的，上两天休一天，人家上班我睡觉，人家放假我上班。12 月 31 日 0 点必须在银行，等着确保账目平衡。当时出过一次差错，凭证的借贷方弄反了，结果账目不平，导致接我晚班的同事无法关机，也不能替我更改（每个人的操作都凭自己的磁卡进行，磁卡必须个人保管，不得外借），我只能晚上 11 点打车赶到银行将账目做平才回家。做过 N 次梦，因为账目不平，而梦见不停地数钱。柜面人员也有存款任务，每个季度考核，达不到就不发季度奖金。

之后我考上研究生辞了职，递交辞职信的那天，银行告诉我说如果我不走，明年就准备调我去个人业务部，主要做个人信用贷款。当然我有自己的想法而选择了离开，但我做到了善始善终。不过银行的经历还是给了我很多收获：第一，对银行业务熟悉也许对我一生有用；第二，直到现在都可以识别假币；第三，做事情养成了仔细检查的习惯，会不停地回头检查；第四，可以给你们讲讲我在银行工作的故事。

当时我所在的国际金融专业班上有 30 人，毕业时有一半的同学进了各种各样的银行，包括民生、上行、中行、农行、浦发、工行等，其中不乏我们班的一等奖学金获得者，也有我们班的团支书，算算到今天已过去 7 年多了，据我所知，这些同学中很多已经跳槽，但只是在银行间跳，没有一人跳出来去其他公司。到现在为止，这些同学有继续做柜面的，有做办公室行政的，有做个人住房贷款的，有做公司贷款的。

7 年多，在国企、外企、私企、民企工作会是怎样呢？我也不知道。

相信更多选择银行的同学自己也不清楚为什么要想进银行，很多同学说现在工作的主流是找银行。我想说，第一，求职没有主流，每个人的理想都不一样，职业没有好坏，只有适合不适合。第二，既然大家都觉得这是主流，竞争必然激烈，同理，你有什么理由让 HR 觉得你高人一筹？第三，连所谓的主流流向何处都不知道（不知道具体岗位，不知道未来发展空间），真的只能随波逐流。

为什么不选择投投其他公司，很多同学告诉我的是不知道这个公司是做什么的。我想说的是：不知道并不代表不好，你知道的也不一定就是全部。

你们大四了，缺乏的不是知识，不是技能，而是独立思考的能力。你们不再是小学生、中学生，不要人云亦云，要有自己的思想。一份工作好不好，一个企业值不值得去，要自己去上网搜索，自己去研究，去找学长学姐、同事打听，要去实习、去体验。

求职有三种层次：找饭碗、找职业、找事业。

找饭碗：顾名思义，找的是能让自己维持生存的一种支撑。上海的同学可以吃在家、住在家，这一点比外地同学好，至少不用考虑房租，你们不需要找仅仅用来解决温饱的工作。外地同学如果要想留在上海，不得不考虑日常开销这个现实的问题。

找职业：让你有一定的社会地位、有稳定的收入，达到一定的生活品质。这也是目前很多人所期待的：一份安稳的、收入不错的工作。

找事业：将你所学的知识、能力、技能充分发挥出来，体现你的价值，实现你的人生目标。也许这份工作很累、很辛苦、会加班、要出差，但你仍能从工作中寻找到成就感和满足感，你会觉得上班是件快乐的事情，因为你每天都可以学到很多新知识，让自己提升很多。

应聘银行，不是不可以，但只应聘银行，甚至不明原因地选择银行就是极不明智的做法。看看身边拿到录用通知书的同学，不必羡慕，他们能走到这步，我想除了自身素质优秀之外，更重要的是他们很明白自己要什么，更明白自己有实力获得什么。

2009 年 12 月 3 日　手把手教你做好面试前的准备工作

拜托了一位已经毕业的学长，完成了如下文章，希望能对大家准备面试起到帮助。这算不算手把手呢？

关于面试这个问题大家都觉得是一个蛮头疼的事情。往往揣测不出用人单位到底想要什么样的性格、需要什么样子的人。因此，如何表现就成了一个关键因素。但是大家都需要知道的是，要决胜千里必须先运筹帷幄。如何做好前期的工作会帮助我们解决很多的困惑。

首先我们看看公司招人的广告，一般来说公司招人都会有两块内容：招聘标准和职位描述。现在让我们拿出纸和笔，把这两段都抄写下来。我们举个强生制药销售的例子，如下：

工作职责：

遵循法律法规及公司规章制度，根据公司市场销售策略在负责的区域内开展业务活动，达成业务目标；

提供销售服务，保持并提高客户满意度；

管理及发展所负责的客户、渠道和区域；

及时准确地收集、反馈并分析市场信息。

职位要求：

专业不限，本科或以上学历；

诚实可信；

良好的沟通、影响、分析和策划能力；

有一定的抗压能力；

较强的英语能力（CET-4 及以上）;

良好的电脑操作能力。

接下来我们开始工作。不难发现“遵循法律法规及公司规章制度，根据公司市场销售策略在负责的区域内开展业务活动，达成业务目标”这一描述表明这家公司要求工作职责第一，法律责任高于一切。作为一家制药型企业自然需要关注法律。接着从工作职责的 2～4 条我们不难发现这是一个以客户为主导的公司，从客户出发并以最终确保获利为目的。千万不要把一份工作简单地认为任何地方的同一职位都是相同的，其实不同行业中的销售也是不一样的。因此，简单来说，我们从工作职责中读到了守法、沟通和分析能力。

然后再分析职位要求。一般情况下，1～5 分为标准，1 分为未达到要求，5 分为极度符合，以此给自己打分。用一个量化标准来衡量自己是否符合要求。HR 有一份评分表，标准就是大家看到的这份职位描述。当发现自己超过平均水平时，再仔细阅读要求：沟通再次被提及，抗压能力也很重要，更重要的是诚实可信。

如果去面试需要告诉对方怎样的信息呢？第一，我诚实守法；第二，我善于沟通；第三，我会分析策划。

好了，让我们开始进行行业分析，还是用销售作为例子。既然面对客户，那制药的客户是谁？所拥有的渠道有哪些？渠道与客户哪方更强势？通过百度、谷歌，我们都可以详细了解。当然最好还是询问业内人士。

当完成此类分析时我们也就快要收工了。这个公司是什么样的公司、企业文化是什么样的、体制如何、对员工的态度怎么样、需要的是员工强势的还是温文尔雅的员工？当你阅读完他的官网与百度百科，大致可以准备关电脑睡觉了。

但是在睡前请大家再做两件事：第一，登录应届毕业生的网站，看一下往届的面经。这个时候你已经有了自己的评判力。如果那个人成功了，看看他做到了什么点；如果他失败了，看看想到的哪些点是他没有做到的。第二，好好读读自己的简历。用什么去说服人家呢？就是传说中的事例。记住：最精彩的一定是你自己亲身经历的，用一个个亲身经历的故事去诠释你的简历。

如果一切都如你所愿圆满完成，好了，可以睡觉了。明天可能就是传说中的硬仗。各位加油吧！

2009 年 12 月 14 日　今天谈谈关于职业素养问题

遇到几件事情，让我觉得有必要谈谈这个问题。

首先肯定有人问，什么叫职业素养？

曾经和一个小姑娘谈过一个问题，现在牛气的外资企业招个人动不动就搞好几轮，从笔试到面试，从“单挑”到“群殴”，真的让人有点招架不住，哪怕是做了充分的调研，哪怕是简历吹得天花乱坠，哪怕是过五关斩六将，哪怕是群面中一枝独秀，但是还是有很多同学“死”在了临门一脚上。很多人问有什么样的法宝可以对付终面、par 面[①]，其实说实话，我个人愚见，真的没有。试想经过了超过 5 轮的面试，基本上选出来的人在能力、专业知识方面都相差无几，与这个职位的匹配程度也八九不离十了，但是在僧多粥少的现实情况下，如何抢到一个饭碗来盛粥，这个时候头脑就要清晰点，搞清楚比的是什么，通俗点说是人品，雅致点说是职业素养。

我到现在还没回答什么是职业素养，但是我还真的只能通过百度才能给这个词下定义。所以我回避正面回答这个问题。我这里谈几件遇到和听到的事。

事件一：

某公司打电话到我们学院，反映有几个同学提交了简历，但没有去面试，害人家 HR 等了一个多小时。后来我打电话给这几个没有去的同学，他们给出了以下答案：

同学 1：“啊？那个公司啊，我上网看了一下那个公司离我家好远的，交通不方便，我就没去”。

同学 2：“哦，老师啊，那天我正好有另外一个公司的面试机会，我去另外一个公司了。”

同学 3：“啊，哪个公司啊，有面试么？好像是有，我忘了。”

我承认，你有投简历的自由，也有不去面试的权利，但是如果决定不去，

---

① 与公司的合伙人，即 partner 进行一对一的面试。

能否给人家 HR 打一个电话，告诉他们你不能去了，以免别人耗费时间等你，每个人的时间都是宝贵的。

小贴士：职业素养要求要尊重别人！

事件二：

我博客里由于是转载学校就业中心提供的就业信息，有时候简历投递的邮箱地址会出现错误。学生很兴奋地投了简历过去，发现被退回来了。然后怎么办呢？通常情况下学生会有以下几种反应。

第一种：问我，“老师啊，是不是邮箱错了？”

第二种：算了，索性不投了。

我也可以有以下三种反应：

第一种：请学生把简历给我，我代为发。

第二种：让学生直接问学校就业中心，正确的邮箱是什么。

第三种：让学生自己想办法解决。

如果我的反应是第一种，那么我需要做的事情是打电话问学校就业办，学校就业办再问企业，等企业回复。如果我的反应是第二种，那么我需要做的事情就是告诉你学校就业办的电话即可。如果我的反应是第三种，那么我什么都不用做。

很不幸，我选择了最“费力的”第一种，请学生把简历给我，我代为发。然而这家企业只留了传真没有留电话，这下怎么办？这事儿就算完了？这个时候，我完全可以放弃，告诉学生们这个公司不用投了，邮箱有误。但是我没有放弃。

我先用 www+HR 的邮箱后缀看能否进官网，无果。再用谷歌搜索这个公司，找相关的招聘信息，很快找到了，核实是否为同一家公司，看公司介绍，看两个接受简历的 HR 的后缀是否一样，确定是一样的了，将学生们的简历发过去，由于这个 HR 并不负责这个岗位的招聘，因此邮件正文中告诉他，他公司的另外一名负责招聘这个岗位的 HR 的邮箱我们寄出的邮件总是被退回，可能是信息传递有误导致邮箱记错，麻烦再给一次，以便以后联系，并麻烦他转交简历，致谢。事情就这么搞定！

但是事实上，我一点都没有开心起来，也许是我做得太多，如果我选择第三种，让学生自己想办法解决，也许会对同学的锻炼更大。毕竟将来你们的老板只会扔难题给你们，而不会说拿来吧，你不会，我帮你！

小贴士：职业素养要求当你面对一项工作时，要学会想尽一切办法去解决，而不是放弃。

事件三：

有一次和一个专业老师在一起吃饭，提到了前不久的毕业生名企面对面推介会。由于场地有限，有些同学去了，然而大部分同学还是没有这个机会参加。去参加的同学应该算是比较优秀的了，这也是和企业人士零距离接触的好机会。饭桌上，有企业高层、企业 HR、学校老师和优秀的学生代表。我想问问去了的同学，有多少人在那天的饭桌上与企业有了交流？

那位老师说，他坐的那一桌，几个学生只顾着吃，完全和企业没有任何交流，他都已经好几次帮企业方的人员斟茶了，以为学生能有所意识，但是可惜还是没有。我那天没去现场，不知道现场的情况如何，但如果真的如他所说，那我想说，各位，至少那些还算“优秀”的各位，你们将来如何去与客户洽谈，如何去跑订单，如何去放贷款，如果去推广行销方案，就凭你的专业知识和成绩单？

小贴士：职业素养要求时刻明确自己的位置和立场。

2010 年 1 月 7 日　我们还有多少机会可以挥霍

一个月以前，一家专业对口的大型国有股份制企业通过层层面试，给一个同学发了录用通知书，那个同学来我这里领取了三方，但迟迟没去签，也许因为那时候很多公司、银行都还没有开始面试，也许因为那个岗位的吸引力还不够大，也许她认为机会来得太突然不会是什么好事。于是，她开始了“持币观望”。前两天，我遇到这位同学，疑惑她怎么还在寻觅中，她说那公司在发出录用通知书的一周之后电话告诉她：“对不起，这个岗位我们已经决定录用其他人了。”

不想去纠结这个同学为什么没去签，每个人都有自己的想法。之后她告诉我，她想找一份她感兴趣的工作，我同意，但这份兴趣是什么呢？我没有问出来。

机会总是在转瞬间流逝，错过一次也许并不可怕，但是如果我们内心不知道目标是什么，我们也许会错过更多。

2010 年 3 月 1 日　关于选择

今天在网上发起了一个投票，其实这个投票早就想好了，但一直搁浅在忙忙碌碌中，最近遇到不少事情，让我觉得有必要让大家学着了解自己，了解别人，了解什么叫工作，慢慢学会选择。

我发现大家好像比较喜欢看我个人的一些感想，所以今天还是以自己为例吧。首先声明，我只是就事论事，请忽略我个人的价值取向！

我是 2005 年 7 月从重庆到上海求职的。这里说一下，找工作真的要趁早，时间就是机会！

在到上海之前，我通过网络查到外地生源进沪落户申请是 5 月 31 日截止，而我本来是 2006 年 6 月份毕业，鉴于两头跑找工作，毕业答辩实在太不方便，于是我申请提前毕业（我读研的学校是可以申请提前毕业的，前提是成绩够好，毕业论文提前完成），即 2005 年 12 月可以提前参加论文答辩，这样我有了比别人多 6 个月的求职机会。事实证明，这 6 个月很关键，我的试用期、转正时间都比其他毕业生提前了。

在 2005 年 7 月我刚到上海求职时，我找的工作是在一家人力资源培训咨询公司做实习生，可留用。公司是香港的，主要帮一些世界 500 强做专业培训，公司规模不大，我需要做的事情就是：与世界 500 强的 HR 联系，说服他们能聘请我们公司做外部培训，有点像销售；联系我们公司的专业培训师，并帮他们安排课程档期和一切相关事务（机票、酒店、课件准备、设备等），有点像后勤。

公司在浦东八佰伴附近，地段很好，同事对我也算照顾，人际关系还不错。老板也很好，公司里的氛围还算不错。这份工作的优点是：和我专业相关，符合我的兴趣，晋升很快（只要有业绩），当然薪水增加得应该也很快，能够与很多大公司的 HR 接触。缺点是：有销售压力，需要经常出差，行业流动性较大。

之后，正好看到高校在招辅导员，当时对这个职业的了解其实也并不多，但是从我大学的辅导员身上，我感觉到这份工作符合自己的性格，自己也喜欢和学生打交道，同时自己有学生会工作经验，很乐于创新，当然父母也希望我在异乡的工作性质相对稳定为好；但是同时我也清楚这份职业面临的问题是：收入不高，上班远在松江郊区，可能与所学专业相距甚远。

于是，我开始考虑，工作对于一个人来说意味着什么？什么样的生活是我追求的？什么样的困难是我能够克服的？

两者权衡，我选择了后者。当然这里并不是谈哪份工作好，哪份工作不好的问题，就如同我当初辞掉银行工作去读研让很多人，包括我父母都觉得不可理喻一样。我只是希望学生们在选择时，在拒绝每个录用通知书时，真的明确知道：

（1）世界上没有一份工作是十全十美的，任何一份工作都有其优点和缺点，这个优缺点是因人而异的，别人看来是缺点而对你也许不是，比如，每天奔赴松江上班对于家住市区的老师也许是缺点，但相比在市区上班感受拥挤的地铁也许就变成了优点。

（2）你自己追求的到底是什么？请保持价值观的一致性！不要拒绝这份工作是因为薪水，拒绝另外一份高薪的工作又是因为路程太远。

（3）当你选择了一条路，就好好地走下去，努力地去减小这份工作所包含的缺点对你的影响，不要一味纠结于你选择后失去了什么，而要把握你现在拥有什么。就像现在，作为辅导员，刚开始我觉得：哎，我研究生 3 年人力资源专业知识没用了，但是后来我发现，不是的，我完全可以把所学的东西用来帮助学生做职业规划，虽然还并不是很专业，但是起码我能感觉到我可以用到我的知识了，所以我打算去考职业咨询师，就是希望把专业与工作结合起来，让我曾经的选择所包含的负面影响越来越小。

（4）一份工作，如果能让你开心，那就是一份好工作，这种开心可以来自物质上的满足，但更重要的是应该来自精神上的慰藉，工作是为了更好地生活，而非生活是为了工作。

（5）你的工作，应该是你自己的选择，而不是看别人的选择，或别人帮你做的选择。

所以，现在当我看到学生们在求职大军中茫然失措时，在面对若干个录用通知书不知道如何抉择时，说实话，我完全可以理解你们此刻的感受。大学四年，我一直觉得大四才是最锻炼人的一年，才是真正让人成长的一年。希望大家坚持自己的理想，学会思考，学会分析，因为这是大学教给我们最后的一课！也是我们将来踏入社会必修的一课！

最后，我想说，无论你做出什么选择，请你抱着一颗感恩的心面对被你放弃的选项。当你离开时、当你婉言拒绝时，请留下一封感谢信，因为是那样的实习机会提升了你的竞争力，是那样的公司给了你一个平台让你看清了自己！

2010 年 3 月 26 日　关于职业规划的一些感受

最近这周，被培训包围。虽然培训之后要用很多下班时间来完成上班事务，但是感觉这样的培训生活也挺不错，至少可以听听不同的声音，了解一下校园外面的世界，不用 8 小时完全沉浸在各种 Excel、Foxmail、电话中。下面是我整理的一些培训后的思考，发来供大家共享，有点长，为了方便阅读，我分了六个问题，大家可以挑感兴趣的看。

问题 1：什么是职业成功？

关键句：职业成功不由你个人决定，而是你和雇主共同决定。

作为一个没有丰富实践经验的辅导员（工作年限仅 4 年多一点，其中 3 年多还是在高校），我承认自己对于“职业成功”这一定义的理论积淀是很单薄的。如果仅仅传递尼尔森的职业成功六要素给诸位学生，实在是太空洞，也无法形成深刻印象，没有人愿意听那样的说教。所以我用下图来引出这个问题。

职业发展的实质——Snell 模型，如下图所示。

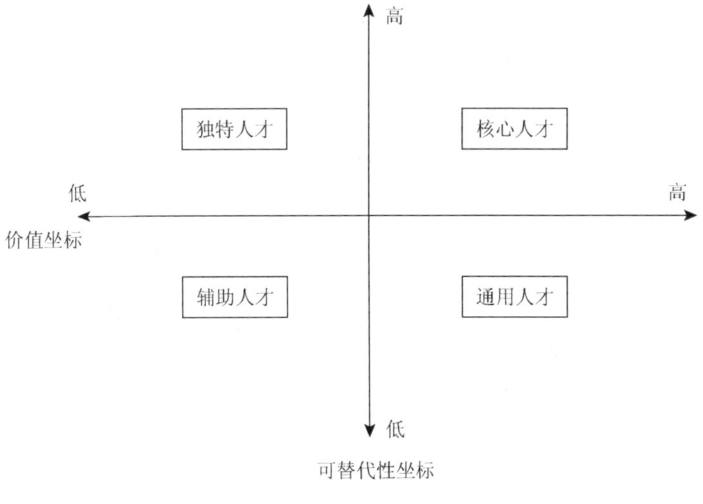

可以看到纵坐标是可替代性坐标，越往上说明唯一性越强，被替代的可能性越弱。横坐标是为公司提供的价值坐标，越往右说明为公司提供的价值越高。从图中可以看到四个不同象限分别代表四种不同岗位类型的员工：辅助人才价值低，容易被替代，如行政文员、边缘部门、应届毕业生、实习生等。通用人才具有一定的高价值，但是具有普遍性特征，如财务、会计、销售等。核心人才具有高价值和唯一性特征，是公司的中流砥柱，通常身居高位、拿高薪，如研发总监、营销总监等。还有一类是独特人才，他们价值不高，但是可替代性差，通常他们具有一定特长，如国企工会主席等。

作为应届毕业生的努力方向应该是从辅助型人才往通用人才再往核心人才方向发展。而企业的政策和培训也应该促进员工往这个方向发展。

那么什么是职业成功呢？不是你有多少收入，有多高职位，而是取决于你的被替代性和价值性。

问题 2：我为什么要从基层做起？

关键句：要胜任一个岗位，要对该岗位的控制范围有足够的评价能力。

也就是说，只有对自己岗位的控制范围烂熟于心了，才能控制好下属。比如，一个人事总监，如果是从培训专员的途径晋升上去的，如果从来没有接触过薪酬福利，可能就会对《劳动法》不熟悉，给工作带来一定障碍。这也许就是为什么世界 500 强的 MT 需要轮岗的原因之一。又如，吴士宏用 3000 万元买断职业生涯的故事不得不说是个很好的案例。所以大学生从低层次开始工作，从基层做起，是不可逾越的一道坎，是有益于各位的职业发展的。当然，在低层次稍微地跨业务岗位调整，也是有好处的，因为这可以为将来的全面经营管理做准备。如果希望自己有足够大的上升空间，重复性劳动是必不可少的阶段，如果跳过去，则你的职业道路可能会像股票一样出现盘整。如果盘整，则高位盘整的代价将远远大于低位盘整。

在日本，HR 总监的地位较其他部门总监的地位较高，因为他既懂质控也懂营销。但在中国，尤其是在国企，HR 几乎都是从行政部门转行的，离核心业务较远，因此可以看到从事 HR 工作的专员很难晋升到公司的最高层，因为他没有对其他部门的评价能力，对其他部门工作不熟悉，无法驾驭公司进行全面经营。中国的企业家，大多是搞营销出身，这也是为何高级营销人员的收入和地位在公司较高的原因。

所以，今天的大学生在就业时，要敢于、乐于从烦琐、简单、重复性基层工作做起，不要抱怨怀才不遇，要明白今天的低层次工作是为明天做好准备。

换言之，如果现在给你一份中层的工作，或者一份具有挑战性的工作，如果今天你的岗位要求正好与你个人能力相匹配，那么并非是好事，你应该有危机意识才对，因为你要从这份工作上再往上走，难度将会很大。

问题 3：为什么到了公司后感觉周围的人都不如我?

关键句：职业目标和行动是主观意愿和客观环境调节的一种张力。

很多刚刚涉入职场的学生并不清楚工作的含义，更不明白劳动力实际上就是一种商品，对于自己缺乏一种商品意识。什么叫商品意识，简单点说，就是人家支付你薪水，你这八小时就卖给人家了，人家买断了。

这八小时你要听命于别人，要学会服从，不能仅凭自己的意志做事，更不能强迫别人接受你的意志。比如，在工作中，有人觉得自己的方案比上级的更好，觉得上司的才干不如自己，觉得被升职的同事比自己差远了等，由此愤愤不平、郁闷、不开心、抱怨……这就是用自己的意识强加于工作、强加于别人。职业的困惑也就来源于此。虽然有些优秀的企业会有申诉渠道，但是作为职业人要明白：如果企业可以申诉，那是你的福分，如果企业不可以申诉，那是它的本分！记住一句话：不要不把自己当回事，要有尊严；但也别太把自己当回事，要懂得内敛。职业发展不仅仅是职业选择的问题，更是职业适应的问题。

问题 4：职业指导是要解决“走什么路”的问题还是解决“怎么走好路”的问题?

关键句：如果职业价值观是你职业生涯的牵引机制的话，那么职场伦理就是你的约束机制。

现在大学生就业难，各方似乎更关注就业率问题，我想，作为辅导员，如果仅仅告诉学生“应该怎么做”“如何选择一份工作”是在做就业工作，不是职业指导。现在的大学生不缺乏找工作的技能，缺乏的是面对工作时，不知道现实的要求是什么？所以，在这里我想谈谈职业伦理这个问题。因为说透了，走什么路，是你毕业这一年要解决的问题，但如何走好路，是这一辈子要解决的问题。

职场伦理，简单点，就是职场的规则，公司没有明文规定的东西，也是大学生最难掌握的东西。如果职业价值观（就是这个职业你看重什么不看重什么）是你职业生涯的牵引机制的话，那么职场伦理就是你的约束机制（告诉你现实中你要面对的选择是什么，什么是你不能做的）要学会职场伦理，就要会处理以下几个关系。

（1）从属关系：个人与组织。是忠于老板还是忠于公司？是忠于职业操守还是忠于企业利益？

（2）层级关系：上级与下级——规则意识；与上级有分歧时应该怎么办？是选择最优还是选择服从？

（3）同级关系：同事之间、部门之间有交集、有竞争，如何加强配合，如何解决分歧？

（4）如何平衡发展知识、能力、行为、态度？

当然，不同的企业、不同的组织的伦理和规则是不一样的，你要做的就是去了解、认知、学习并适应。如果你要挑战这个组织的伦理规则，那么你会走弯路，你的发展会被束缚。如果这个企业的伦理你永远无法接受，那么你可以选择离开。总之，学习职场伦理的过程是个提升情商的过程。

问题 5：当我找到一份好工作时是不是就高枕无忧了？

关键句：一个有远见的人是不会把目光仅仅放在职业选择上的，而是懂得追加投入。

毕业后应该追加对自己的投入，不能停滞不前或因循守旧。毕业时，90 分和 60 分的差别其实并不大，通过实践、轮岗、培训、投入才能拉开差距。所以我们会看到三年后、五年后，当大家再聚时，经常会惊讶地发现曾经班级成绩平平的同学如今混得风生水起。

大学里的专业、所学知识，会随着时间的流逝而流逝，在工作中会运用得越来越少，专业充其量只是基础而已，大学里学习的是一种学习能力，一种收集信息、快速加工、为我所用的能力，所以，关键是要加强经验积累，对自己追加投入。这种投入可以是知识技能层面的，也可以是职场伦理层面的。当然知识技能是个人可以盘点的，翻箱倒柜搬出你的证书，就知道了。个性风格是可以通过心理学测量的，最难的是了解职业伦理。伦理不等于制度、法律，制度与法律是硬的条律，而职场伦理是习惯，是约定俗成的，所以需要去细心体会、学习、化解。了解职场伦理后才能去逐步适应职场。

职业适应性问题其实质就是争端的解决机制，你们要学会去了解职场中的习惯，使你们在心理上调适自我的价值观，以化解作为学生与社会职业人之间的矛盾。

问题6：到底是跳槽好还是不跳好？

关键句：跳槽既不能没有跨度，也不能跨度太大，要呈上升收敛状。

跳槽是个敏感的话题，很多同学谈到工作时喜欢说："干这份工作为我以后跳槽打下基础。"我一直困惑，为什么还没干就已经想到跳槽了？同样用一个示意图来引出这个问题。

美国人力资源教授沙因（Edgar H. Schein）的职业锥体模型如下图所示，现在把锥体展开，用梯形来表示，可以用这个来画你的职业链。

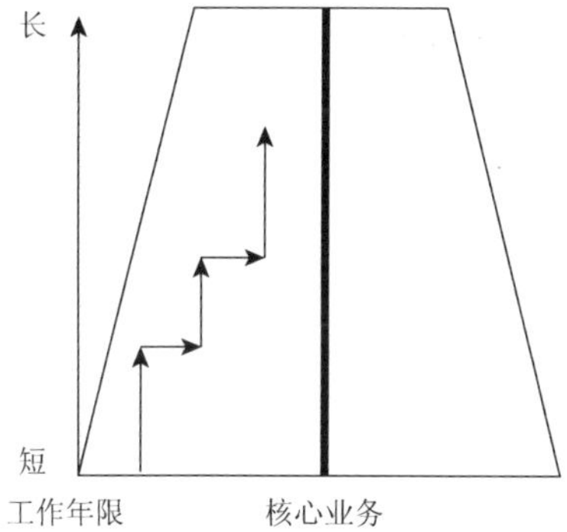

横轴：表示工作岗位，越往中间，职位越高，越接近核心部门；越往两边越是边缘部门，职位越低。

纵轴：表示工作年限，如从下往上表示你的工作时间长度。时间短，纵轴短；时间长，纵轴长。

转折点：岗位变化。

现在按照你的简历，开始在这矩阵上画你的职业走势图。当工作变换的时候，出现拐点。如果你的工作时间够长，比如，3 年行政助理→2 年人事专员→3 年人事经理→4 年人事总监,你会看到你的职业链是呈单边金字塔式的上升收敛的。

情况分析：

情况 1：正常情况下，一般人的职业链呈收敛趋势，刚开始好几个岗位轮换，但是在底部，之后职位越来越高，下面的职位为上端的职位提供了支撑。

情况 2：如果一个人的职业链没有呈收敛状态（如一份文秘的工作，做了 10 年），则说明他从事的岗位较为单一、时间较长、容易出现倦怠、上升空间有限（因为前面提到他领域单一、不能驾驭全局），图形一般类似柱状。

情况 3：如果一个人的图形呈发散状，则说明他从事的工作行业跨度大，也不利于晋升，易出现长期低位盘整的态势。

在这里，我主要想说明两个问题。其实有些公司在招聘高层时已经开始用这种职业链的方法了，HR 或者猎头关注的是什么呢？

1. 转折点的位置

有转折就说明职位有变化。如果是跨行业，通常是合同解除。合同解除是个敏感问题，所以一个人的转折点不易太多，转折点的位置不宜太靠上端。所以当你步入职场时你要明白：今天的行为要为明天负责。实习期间你不满意就可以甩甩手走人，但真正进入职场，你的每次“转折”都很重要，要谨慎。尤其是成为通用型人才后，不要频繁地跳槽，因为越往上端，消耗的成本越大。

2. 收敛、发散的问题

不同的职业可以去尝试，但是不要乱跳槽，要围绕一个主轴。如果岗位转换没有跨度，会像情况 2 一样出现职业高原、职业倦怠。但跨度不能太大，最好是你前面的积累可以为你后面更高层次的工作所用。所以，既不能没有跨度，也不能跨度太大，不要盲目跳槽。现在你们求职的过程中遇到不开心还可以换方向，但要明白：试错的机会不多，要珍惜每次机会，在应聘前要充分了解每个企业。

最后总结，写给自己，写给你们，以求共勉：

第一，职业规划不是开药方，不会药到病除，只是让人少走弯路，学生不要觉得老师可以帮你铺路，老师只是辅助，充其量只是让你少走（不是不走）弯路。

第二，职业规划是个动态的适应过程，而非选择性帮助，不是告诉你该选A还是B，最终都需要你自己去适应。

第三，职业适应性就是职场伦理。可以从上下级、合作等角度去研究，但不同的企业组织有不同的习惯和伦理，不要妄想用一把钥匙开N把锁。

第四，职业测评。任何测评都只能参考，而不是盲从。同样的测评不能反复做，做测评要用国外经典量表，因为其信效度高，不要用山寨量表，拿来玩玩没有意义，会误导人。

第五，职业导航。看不透的问题不要抱怨，要去学习去了解，要学会对自己不断地追加投入，因为你现在投入越多，未来投资回报率越高。

2010年4月23日　有什么样的行业岗位我们可以去尝试?

前几天和某人力资源开发的公司老总交流了一下，对于现在大学生的求职状况和就业市场情况做了一些了解，结合外贸学院学生的情况，想把一些听到的、了解到的和同学们作一些分享。当然由于我身在学校，对于企业内的很多情况还并不十分清楚，其中可能有些观点和实际情况会有一定出入，仅供各位参考，也欢迎大家多多讨论。希望能对你们找实习、找工作提供帮助。

1. 银行

上海要打造四个中心，其中一个是金融中心，随着国有银行的疯狂布点，人才需求量近几年出现了井喷，当然这样的形势还能持续几年我们不知道，但是随着今年的招聘人数减少，我们能感觉到一点压力了。从以往的招聘岗位来看，多表现为这个特征：前台多，后台少。前台主要包括产品的销售，这其中有我们熟悉的理财产品、信用卡、拉存款、公司信贷、柜台储蓄会计业务等，这是需要招聘大量应届毕业生来完成的。后台主要包括风险控制和合规管理。这一块涉及的业务主要包括识别、评估、提供咨询、监控和报告银行的合规风险，这类岗位在招聘时往往需要有丰富的相关实习经验或者多年相关工作经验的人员，对应届毕业生的接纳度相当低。

2. 投行

投行分为两种类型，一种本身就是投行，这里可以称之为真投行；另一种则是投行的合作机构，但是招聘时往往打着投行的招牌，这里要注意甄别。投行对于应届毕业生的招聘有个很明显的偏好，就是喜欢有良好背景、成熟型的毕业生。这里的良好背景就是学生的毕业学校，“非富则贵”，在上海基本上除了复旦大学、上海交通大学，其他学校的学生很难入他们的眼。成熟型就是他们钟爱研究生，本科生能进投行的寥寥无几。

3. 四大会计师事务所①

江湖上有一种传说：“四大里女人当男人用，男人当牲口用。”很多学生把进四大作为梦想，也有很多学生把进四大作为保底选项。不管是哪种，起码大家都有一种共识：四大很累，但是很能锻炼人。究竟四大里面哪些岗位对我们开放呢，进四大我们能做什么呢？四大的前线部门包括审计（assurance and business advisory servicc）、税务（tax law service）和咨询（advisory）三大块。后台部门则包括财务（finance）、后勤（administration）和人事等部门，这里主要说前线部门，毕竟这一块是招聘大户。一般情况下四大从低到高的岗位排序是审计→税务→咨询，招收的人数也是依次从多到少。以普华永道为例，审计、税务和咨询的人员比例在上海公司大致是 6∶3∶1。审计主要是财务报表审计、税务审计等。税务通常先从个人所得税做起，做了一年后，开始做企业所得税，到了高级顾问后，则开始做企业所得税的审阅和规划等。咨询的话大致会有尽职调查、合并收购、内控建设、财务咨询等。至于对应聘人员的要求，审计和税务差不多，以应届毕业生居多，其中审计每年招收大量的毕业生。咨询通常要求有一定的工作经历，即使你以很优秀的本科生身份应聘成功，你也得先去审计部门工作两年，然后才能在咨询部门工作。

4. 制造业

外贸的学生可能觉得制造业离我们很遥远，很多同学因为自认为缺乏相关

---

① 四大会计师事务所是指国际上著名的四个会计师事务所，即普华永道（PwC）、德勤（DTT）、毕马威（KPMG）、安永（EY）。

行业的专业背景（如钢材、纺织品、化工、能源、汽车、IT、生物医药等）而放弃投递简历。其实在制造业中有两类岗位是很适合上海对外经贸大学的学生的：一类是财务类岗位，随着越来越多的制造业公司把亚太区总部搬至上海，注意是“总部”不是“工厂”，则需要大量的基础类财务人员；另一类是物流类岗位，这里不仅仅限于物流专业的同学，这类岗位前端的采购、后端的分销都需要大量具有经济管理背景的学生加入。

5. 快消（快速消费品）

从求职意向上来看，很多学生希望进入外消行业，但是每每因为招聘人数少、招聘环节繁复而被淘汰。近年来，快消行业的需求量平稳，没什么大的起伏。招人集中在两个类型：销售类岗位、供应链（采购、物流、分销）。这里有一个奇怪的现象就是虽然快消招的人数少，但是往往录用通知书，尤其是 MT 录用通知书会集中在少数人的手里，经常会看到一个学生手里持有若干个大公司的录用通知书，纠结于要去哪家。这说明快消行业的招聘要求其实是趋同的。

此外，有几类岗位也是外贸学生钟爱的，但是要注意，这些岗位对于工作经验的要求比较高，如果想进入这类岗位，必须具备相关工作或实习经验；其次还要慢慢积累时间，这类工作的起薪不会很高，但是其薪资和工作年限是呈正向加速递增的。

但只要耐得住寂寞，总有拨开云日的那一天，如市场、人力资源、法务。

最近通过调研和访谈发现学生在求职时易出现的几个现象：

第一，在对于工作的要素要求方面，女生要求往往高于男生。女生除了对工作本身的要求外，还会对上班地点繁华程度、办公环境、周边配套、离家远近等作为选择的考虑因素。而男生往往更为单纯地考虑工作本身及岗位所带来的上升空间。

第二，有些实习找得不错的学生在找正式工作的时候不一定就选择类似的工作，找实习工作时目的比较单纯，纯粹是为了学东西，积累经验，不在乎薪酬，能吃苦。但是在找工作的时候考虑的东西就多了，有些学生还会考虑工作的稳定性、收入福利、社会名气等，当然找工作时也会受到家长因素影响。

第三，企业真的需要从简历上看最优秀的学生吗？GPA 很高，奖励拿了很多，是各个社团学生组织中的活跃分子……这些固然可以说明一个人在校期间的表现，但是企业清楚地知道，随着入职过后，所有的学校荣誉对于企业来说都是浮云。他们需要的是具有正向价值观和正能量的人。这里的正向价值观是指遇到困难、挫折、挑战时能用积极的态度去面对。正能量是指正确地做事，做正向的尝试。因为你的心态和行为可能会对周围的同事甚至企业产生一定的影响。

2010 年 9 月 30 日　2010 级新生快“满月”了，不知你们过得还好吗？

今天是个特殊的日子，又老了一岁，不过每天能生活在九〇后中间，觉得自己永远是年轻的。早上吃完生日蛋糕就匆匆赶去开年级大会。一个月内开了两次会，这个频率有点高，不过觉得真的有必要关心来外贸一个月的新生们，这一个月你们过得还好吗？

以下是对年级大会的内容的整理，希望能够让学生们不再雾里看花。如有疑惑，欢迎到 B105 咨询。

开学一个月你遇到了这些疑惑吗？大学应该怎么规划？大学的目标和方向在哪里？这个专业的学习方法是什么？学了这个专业，四年后我们到底能做什么？很多新生告诉我，进入大学一个月了，很迷茫！当初填志愿时，专业大部分是家长选的，自己对这个专业没有感觉，现在天天学英语和数学，也没有专业课，不知道这个专业到底是学什么，也不知道未来这个专业到底能做什么。

国贸专业的学生未来的就业面实际上非常广泛，并不局限于贸易公司、贸易岗位。商科类专业的课程大同小异，专业的技术壁垒并不高，因此虽然上海对外经贸大学的专业设置不同，但是国贸和其他专业（经济管理类专业）的就业方向实际上有相当一部分是重合的。

举个例子：国贸专业本科的学生有很多进银行工作的，他们和金融专业的本科生在银行里的工作岗位、工资收入实际上是差不多的。

根据以往国贸专业的毕业生去向，按行业分，主要包括贸易、银行、证券、物流、航运、快速消费品、媒体广告、会计师事务所、管理咨询、保险、基金、政府部门等；按岗位分，包括管理培训生、贸易专员、财务会计、审计、单证员、市场开拓专员、人事专员、公务员等。

现在你们要做的，就是寻找自己的兴趣点，然后朝着这个方向去发展和提升。可是兴趣点在哪儿？怎么寻找？这里只能用一句话回答：实践是检验真理的唯一标准。什么是你真正喜欢的，什么是你真正适合的？这个问题不是坐在教室就可以想出来的，坐在电脑前就可以揣摩出来的，而是需要你脚踏实地地去做！

如何去做？且听下回分解。

2010 年 10 月 8 日　路在脚下——今天的我们应该怎么做

今天的眼界和行为决定了明天的成败。让我们看看现在的大学到底能给我们什么，现在的社会到底需要什么样的人？现代的社会对于一个优秀的职业人的要求从低到高应该是这样的：

（1）工具的运用。这里的工具是指英语的流利运用，办公自动化的熟练操作，这是最基本的要求，如果缺乏，则就是你的短板，必须要补（详见木桶效应）。这是可以通过大学四年持续的努力来弥补和提升的。

（2）基础理论知识的掌握。本科的课程不会很深入，都是大而泛的学习，所以你们不但要学贸易、金融，还要学财务、营销、投资，其实这些课程中如果要深入学习，那是读研以后的事，因为任何一门都值得研究好多年。你们要做的就是了解一些基本经济管理的理论，懂得一些专业术语。这是大学课堂可以教给你的。

（3）岗位相关专业知识。如果你未来的选择不是太离谱，那么你大学所学的东西就会与你的工作相关，但是可用的知识基本不会超过 20%，毕竟书本滞后于实际起码 3 年，这就需要你不断地学习，这需要你将课堂知识与平时课外积累相结合。

（4）综合素质能力。组织能力、协调能力、表达能力、沟通能力、团队协作力、创新力、学习力等，这是通过大学里的各种社会实践活动、各种实践平台来培养的。

（5）职业素养。明白职业身份、职业要求、职业礼仪，了解商业规则，懂得竞争法则，这是通过丰富的实习经历和学术类竞赛的参与来磨炼的。

（6）个性情商。学会如何与不同性格的人相处，学会如何克服挫折，如何保持积极向上的心态，如何做一个受欢迎的人等，这需要在寝室、班级或者社团、学生会、团委、实习单位等每个群体里学习。

（7）人格魅力。用自己的言行去影响周围的人。说得通俗点，就是大家喜欢提到的一个词——人品，其实我们在谈论人品时说的更多的是，他个人的品行，以及从他身上散发出来的感染力。这并不是每个人都能做到的，也不是每个人都能学会的，需要慢慢修炼。

那么下面来看看，我们在大学期间的每个阶段需要做什么？为什么要去做这些？大一，在各种招新活动中你将有机会参加学生会、社团、创业中心等，但同时请保持优良的学习成绩。大一结束的暑期，别只顾着回家，或参加同学聚会，报名参加一些暑期社会实践，这会使你学到很多。大二，参加一些学校的丰富多彩的志愿者活动和学术竞赛，有余力的话可以报一门辅修，同时别忘了学好英语，因为要考四六级，同时想参加出国交流的同学可以开始准备语言考试了。大三，你将是各种学术类竞赛中的主力，因此扎实的专业基础学习显得尤为重要，这一年可以申请出国交流。大三的暑假要忙着开始进行毕业实习了。大四上半学期还有出国交流的机会，11 月课程将会结束，你将在求职、考研、出国中选择一条道路。5 月将进行毕业论文答辩。也许每个人的情况不一样，但是大学对于每个人来说，都是四年，你今天如何度过将决定了你未来的路如何走。

2010 年 11 月 3 日　让我们走好脚下的每一步

每个学生的性格不同、能力不同、理想不同、未来选择的道路也不同。但有一点是相同的，则就是都是国贸专业的学生，说得更宽泛点，都是商科类的学生。这里谈谈作为一名商科类的学生，大学的学习应该是怎样的。

很多学生将高中的学习方法用在大学里，认为课本背得滚瓜烂熟就能拿高分，就是好学生。这一观点在成为一名大学生后就应该摒弃，尤其是一名商科类大学的学生。商科和其他学科不一样，学物理化学的是可以在实验室潜心钻研里研究出成果的；学计算机的可以熬几个通宵编个程序、建个网站的；学电子、机械的是可以搞个发明创造的；学商科的，要做的就是一件事：与时俱进！因为没有什么比市场变化快，看看股市风云变幻，看看资本市场危机四伏，看看兼并重组时有发生，看看政策调控频频出台，如果作为大学生，还只想着抱着几本教材走天下的话，那我只能说：你出局了！

如何与时俱进？第一，要保持一个开放的心态，时刻准备着学习。第二，要有效地利用周边资源。第三，要把实际生活中发生的案例与自己学到的东西联系来思考。

针对第二点，谈谈资源有哪些可以利用，除了图书馆（虽然我们学校的图书馆比较小，但至少还是够你读一阵子）、讲座（虽然嘉宾档次不及复旦大学、上海交通大学但是偶尔来个牛人还是要珍惜机会），还有以下资源可以利用（仅供参考，欢迎补充）：

电视：第一财经频道、CCTV-2 等。

报纸：《中国经营报》《第一财经日报》《21 世纪经济报道》《理财周报》《经济观察报》《中国财经报》《金融时报》《经济视点报》《经济参考报》等。

网络：和讯网（www.hexun.com）、路透网（cn.reuters.com）等。

杂志：《财经》《商界》《销售与市场》《管理学家》《哈佛商业评论》等。

书籍：经典类《国富论》（亚当·斯密）、《经济学》（萨缪尔森）（我们是用曼昆的版本，建议多看几个版本）、《市场营销》（菲利普·科特勒）等。

案例类：有很多，如《向宝洁学什么》《富士康真相》等。

实践类：有很多，如《牛奶可乐经济学》《从零开始做人脉》等。

希望养成“摘录”这个习惯，将你们关注到电视栏目、杂志、书籍上你们认为值得记录下的东西，用专门的一个笔记本记下，回头再看时，你会发现你在专业素养上的成长轨迹。

2010 年 11 月 25 日　关于参与校庆和年会工作的一些感受

近日事情特别多，国庆之后就是校庆，校庆之后就是年会，年会之后又是另一个年会，直到这周才喘口气，可以静下心来思考一些东西。

1. 主动、争取

近期这一系列的活动的志愿者并不像汇丰、网球大师杯那样有着一整套严密的招募程序，更多的时候是突发事务的处理。这次，我想到可能任务会很重，我会无暇顾及日常事务工作，所以最开始，我只想找几个学生做我助手（仅从我个人角度而言），协助我做一些针对校庆、外语外贸年会、国贸协作组年会的前期的准备工作。从某种意义上说，这种协助性的工作，可能没有团委的社会实践章，更没有所谓的志愿者证明。我只是让班长、团支书通知一下，我需要几个同学来帮忙。

让我欣慰的是，报名的学生很多，超过 20 名学生纷纷表示愿意来帮助我，远远超出我预想的 9 名的限制。这一点，非常好，你们让我看到了你们对工作的“主动”的热情，对于机会“争取”的态度。之后，我没有筛选，而是记下了每个报名的同学。

2. 琐碎、奉献

在校庆当天，看到好几位国贸大一的学生出现在签到现场，成为现场的工作人员。尤其是下午的校友聚会现场，现场志愿服务的几乎都是大一的学生。我看着你们，布置会场、发放纪念品、签字、收名片、购买食品、协调场地……更多的时候你们是在认真地给校友倒茶、擦桌子、搬椅子、摆设水果、引导……你们在家可能只是这些事务的享受者，可能从来没做过家务，很少接触到这么琐碎的事情，但整个下午，你们一直忙碌于这些不起眼的工作中，没有一个志愿者有怨言，没有一个同学提前离场。

3. 吃苦、责任

那天校庆，上午不到 7 点有些人就已经坐在签到台旁开始工作；有些人下午 5:30，打扫收拾完了整个咖啡吧，才疲惫地回寝室。

之后，国贸协作的工作安排迟迟没有出来，但我已经被之前的外语外贸年会弄得分身乏术了。我把所有在我这里报名的同学分给了不同的负责老师，我只给了名单、手机号，提了穿正装的要求，其他什么都没多说。

年会那天，有些人 6 点多就从松江赶往了机场、公交、地铁，车程超过 2 小时；有些人牺牲周末整理数据到凌晨，回寝室只能拉卡登记；有些人在宾馆一站就是一整天；有些人在突遇降温的时候风里来雨里去地到处奔波。

这些同学，代表的不再只是大一的学生，而是我们外贸学院。

4. 反思、总结

希望你们在这些工作之后，懂得反思和总结。上周，我和你们一样，早上

4 点起床，凌晨 1 点钟睡觉，奔波于虹桥与浦东机场，上海火车站与南站，没有一顿饭吃得安稳，很辛苦、很累。之后我一直在想，这之后我学到了什么？

如果我没有去接机，我永远不知道飞机可能晚点，也可能早到，不要迷信原定时间，在到达前 1 小时需要电话航空公司查询准确的到达时间，永远给自己留预案。如果我的嘉宾不是清晨到达，我可能想不到在接火车的时候要帮嘉宾准备好早餐。如果我不摆放席卡，我可能不知道级别第二是排在第一的左边还是右边。如果我没有去送机，我可能不知道在嘉宾登机前发一条送别短信的重要性。如果我没有遇到团队中的一名回族人，我可能不知道先询问团队中对餐饮的特殊要求的重要性。如果我没有遇到下雨天，我可能永远不知道了解会务期间的天气多么重要，当参会代表突遇大雨时，提前备好的雨伞会让人倍感温暖。如果我没有全程陪同团队一周，我可能不知道熟悉团队每个成员的身体健康状况多么重要，有针对性地备好常用药，当出现特殊状况时，才能及时提供。

……

最后我想说的是，有你们，我很幸福！当别人还在怀疑作为大一的你们能否胜任这一件又一件繁重的任务时，我希望给你们足够的平台和空间去锻炼，你们用激情、韧性、应变力、团队精神给出了圆满的答卷。

接待工作、会务工作看似简单，但其中的学问太多太多，我和你们一样，需要学习、需要经验。无论你们将来身处何处，政府机关也好、跨国企业也罢，这是种礼仪，更是拉近人与人距离的一种方式，这也是种职业素养，只有“生活经验”这堂课才可以告诉你，有些事情没有教材可循。

2013 年 5 月 14 日　关注并行动

今天发篇日志，算是“打扫”一下久违的空间。我的学生很乖，或者说很爱学习，至少我到图书馆阅览室、通教、C 楼，总能看到熟悉的面孔。看着他们从大一到大三，考了口译，考了 BEC，考了 IELTS、TOEFL、GMAT、GRE，考了 CPA，考了法语、德语、日语，考了银行从业资格证、证券从业资格证……传统的四六级在他们眼里，只是追求“没有最好，只有更好”的一种消遣而已。直到现在还有人问我，老师你说我证书够用吧？

从这个角度来说，我很佩服他们。不过看到大三还剩仅仅一个多月的时间了，一些不出国、不考研的学生仍抱着书深夜在教室狂啃，我有点后悔，是不是我对他们学习要求太严苛？是时候抬起头来看看前方的路了。

问及：为何不把这时间用来找找实习？

回道：简历投了，石沉大海，也不知道工作该如何找？

我想说无外乎五个字：关注并行动！

1. 关注什么

（1）关注你身边的人在做什么。不仅是自己班的，还要关注别的班、别的专业、别的学院那帮牛人在干嘛，让自己拥有一个畅通的信息渠道吧。

（2）关注校园内的各种信息。不要忽视任何一个宣讲、一个讲座、一条横幅、一张海报。

（3）关注网上的有关信息，要把等信息的习惯转变为找信息（应届生求职网、中华英才网、智联招聘、企业官网……）。

（4）关注你的上一届学长、学姐的毕业去向，也许他/她就是你未来一个潜在的内部推荐。

（5）关注你家庭可以提供的资源。

（6）关注老师提供的每条实习信息。

2. 怎么行动

（1）找到目标全面撒网，除非你自信到你的简历面试率为 100%（不过如果人家招 3 年以上工作经验的，那还是不要硬碰了）。

（2）不要轻易拒绝一个公司，要学会给自己留后路。

（3）考试可以裸考，面试绝对不能裸面！

（4）不要再做街边发传单的活儿，你现在是大四，不是大一。

（5）越难进的公司说明这个岗位的同事也越牛。

（6）不是所有的东西都能用钱衡量的。

（7）八字还没一撇时，请不要做无谓的纠结（在还没有拿到录用通知书之前，不要问自己到底是选公司 A 还是公司 B）。

（8）不要做自己不喜欢的工作，如果不知道自己喜欢什么，那就记住实践是检验真理的唯一标准。

（9）羡慕牛人进了大公司是理所当然的，但记住寻找工作的经历也是锻造牛人的过程。

（10）付出和收获肯定是成正比的，无论是外企还是国企。

（11）别人的意见可以参考，但不能盲从。

（12）学会思考和权衡（上课/实习、笔试/缓考、外企/银行、销售/人事……）选择没有对错，只有适合和不适合。没有人比你自己更了解你想要什么。

（13）自己对自己负责，不要习惯性地拖到网申最后一天，记住早起的鸟儿有虫吃。

（14）简历不要千篇一律，不同的岗位（注意是岗位）简历的侧重点肯定不一样，关键是找出此岗位和你能力的匹配点，如果找不到，那估计 HR 也不会给你打电话的。不要虚构简历，那等于自杀。

（15）英文版的简历不要用宋体。

（16）如果你对自己的模样还有点自信，请贴上照片，但注意不要大头贴。

（17）你自己因为种种原因去不了的公司，请不要一口回绝。可以帮公司推荐你同学、朋友去。

相处三年，见证成长。

祝福所有的国贸的学生都能在明年的夏天很牛、很茁壮！

第三节　英国研修那些事儿

2011 年 9 月 12 日　中央兰开夏大学，普雷斯顿

今天是上班的第一天。

上午 8:45 准时到中央兰开夏大学的国际办公室报到。Nathalie（国际合作和业务发展主管）介绍了 Fiona、Wendy 和 Anne 几位同事和我认识。大家都很好。

Nathalie 说着一口流利的汉语，没想到来自法国。在短暂的介绍会中她告诉我说，应该努力说英语，争取三个月后说一口流利的英语。我也希望如此。

她问了我对这次出国进修的一些想法和需求。我说道：

（1）希望了解他们在学生就业能力培养方面的一些工作，因为中央兰开夏大学的就业率在英国高校中也比较高，并且它们有专门一个部门是负责这项工作的。

（2）希望能参加到一些课堂进行旁听学习，课程最好是和管理或者就业力相关的，希望可以了解一下中央兰开夏大学教师的一些教学方法和模式。

（3）希望了解一下中央兰开夏大学在学生事务管理（students affairs management）方面的一些做法，因为我们学校正准备设立一个学生事务中心。目前我们的事务性工作都是由辅导员完成的，每个辅导员负责 200 多名学生，并负责有关学生的所有事情。因此，我校正希望通过成立一个管理全校所有学生的事务中心来提高辅导员工作效率。

（4）希望可以参与到一些项目中，加强中央兰开夏大学与中国高校的联系和合作。

Nathalie 一一记录下了我的想法，并给我了很多好的建议。

（1）我可以参加学校的一些免费的语言课程，以帮助我在短时间内提升英语水平。

（2）安排我和在中央兰开夏大学留学的中国学生的见面会。

（3）希望我能加入到她们的中文网站建设项目，给她们的中文网站建设提出一些好的建议。

（4）希望我能够在 2 个月后给学生和老师做一个研讨会，介绍中国文化和英国文化的区别、中国大学和英国大学的不同。当然这需要我在 2 个月内尽快了解和熟悉英国的文化。

（5）我如有兴趣可以到孔子学院，向英国学生介绍中国的风俗文化，如果要去中国留学，应该注意什么。

（6）我可以登录学校的学习发展部（Learning Development Unit，LDU）的相关网站去参加一些课程和研讨会，以改善和加强我的学习和教学能力。

之后，同事 Fiona 拿了一大堆资料给我，虽然非常多，但是绝对详尽且有用。有时候不得不佩服英国人做事考虑得真的非常周到。

其中包括：

（1）给图书馆的信，请图书馆协助帮我办张出入证。信中把办卡所需要的一切信息都列出了，包括出生日期、居住地信息。

（2）给小镇上英格兰银行的信，请协助帮我办张借记卡。信中也列出了所需要的一切信息。

（3）给警察局的信，请协助办理注册（后来我的签证不需要去警察局办理了，省了 34 镑）。

（4）给财务中心的信，请协助办理住宿费缴纳的（1488 镑）。

（5）本学年的校历，注明了什么时候放假，什么时候考试，什么时候开学，其中包括什么时候论文答辩和毕业典礼等，非常详细。

（6）校园地图。这是好东西，原来那张我是从电脑里打印的，这几天使用频率太高，已经破旧得看不清了。

（7）国际学生的入学须知，告知你一些安全问题、旅游问题、办理电视许可证问题、手机问题、保险等。

（8）国际办公室每个月都会组织国际学生进行社交旅行，向所有国际学生开放报名，可惜我只待四个月，否则一个月去一个也不错，所去地方有布莱克浦的沙滩、曼彻斯特、利物浦、湖区……

（9）自助游，拿着这张纸和地图，就可以自己当向导，明白校园里每栋建筑的名称和作用。

（10）一张清单，注明去办理每个事项时需要同时带上的东西，如护照、现金。

回到宿舍后把所有拿到的资料全部仔细地看了一遍，发现我的英文阅读速度明显加快了，我也渐渐地了解了这个学校、这个部门、这座小镇。从现在开始，快乐地开始我的英伦之行吧。

2011 年 9 月 13 日　中央兰开夏大学，宿舍

今天一如既往的寒冷。来到英国后我都没有了天气预报，一直只有一个感觉，冷！于是翻出了防寒服，看着外面有美眉穿着短裤，想想还是脱下来了。上网一查，只有 14 摄氏度。

出门前准备好了自己的中饭：蔬菜沙拉+面包+西红柿+饼干，放在乐扣保鲜盒里，上班了。下楼时，发现门上多了一张通知单，说今天下午要火警演习，届时所有的学生必须迅速离开宿舍，前往距离宿舍区 10 分钟路程的一个会场集合，那里会有一个 30 分钟的讲话。

到了办公室，一张语言课程安排放在我的桌上，他们的工作果然很神速。打开电脑，一封新邮件来自 Anne，告诉我，明天将参加一个关于中央兰开夏大学的 Futures（中央兰开夏大学培养学生就业力和提供就业服务的机构）的会议，我对此很感兴趣，对这个会充满了期待。同时，邮件告诉我在下周将安排两个见面，分别是与中央兰开夏大学语言中心 Worldwise 和孔子学院的负责老师见面。

回了邮件给 Anne，确认了所有会议的时间、地点。

之后，Wendy 给了我几份文件，是关于中央兰开夏大学与其他高校课程项目的合作备忘录需要我帮忙进行中文翻译。开始觉得英译中很简单嘛，比中译英好多了。拿到文件才发现与平时看到的文件完全不一样，由于是具有法律效力的协议，所以逐字逐句都要斟酌考虑，很多看似简单的单词在司法条款环境下的表述就完全不一样了。对于我来说，这是个挑战，也是学习了解中央兰开夏大学与其他高校合作办学模式和政策的一种最直接的途径。于是，我今天的工作就完全陷入翻译之中了。

中午，想到我可怜的笔记本还不能上网，于是趁着午饭时间跑去图书馆询问如何解决。图书馆的阿姨很热情，先问我有没有网线，再问我有没有出入证，在确定我没有重新设置后，她问我用什么操作系统，我说是 Windows7，看我是中国人，她问我你要中文版还是英文版的网络设置指南，哈哈，当然是中文的啦！（在英国我感觉到在你需要某样东西的时候，他们通常会问得非常详细，以确保他们所提供的是真的可以让你满意的东西）阿姨给了我指南后，说如果你还是没办法设置好，可以把笔记本带到图书馆专门的部门帮你安装。我听了很开心，说真的么？阿姨说不过还是希望你最好自己试一试。于是我高兴地回去自己动手设置了。说实话，那个设置是相当的复杂，对我这个电脑盲来说，开始完全找不到方向。几次都想放弃，直接把笔记本搬到图书馆去，但想到阿姨的那句话，我就一次一次地试。终于还是被我搞定了，那种成就感真的很棒！

我知道今晚6点会有消防演习，在中国这种事情我几乎没遇到，觉得这个也就形式而已，于是在想是否可以晚点回去，这样就可以错过演习时间，不参加演习了，否则还要去听长达半小时的无聊的消防安全教育。可是下午在外面溜达，风实在太大，我还是在6点前回了寝室，本想索性躲在寝室不出去了。6点，我住的Roeburn Hall准时响起了警报声。我从窗口探出头，所有的学生都快步出门到了宿舍中央的空地，于是我抱着看热闹的心态也出了门。来到宿舍区中央，有些学生没看门上的通知单不知道今天有演习，穿着睡衣和拖鞋就出门了，还有一个亚洲的学生，拿着个炒锅和锅铲站在人群中显得特别有趣。之后我们被要求去往离宿舍区不远的达尔文楼，我们被安排在一个类似于500人报告厅的教室里,一个穿着类似保安服的和蔼的大叔开始给我们进行安全教育。让我惊讶的是在大叔讲话的同时，居然旁边有手语翻译，以帮助听力障碍的学生，这让我非常震惊，如此人性化的举措，让我不得不肃然起敬。大叔的教育并非说教，而是举了一个个生动的例子来描述如何防止火灾、盗窃，如何应对突发危险状况，不时引得学生们一阵阵笑声。之后，放了一段视频，这段视频没有对话，没有文字，而是从反面，以一个在校园内经常作案的犯罪分子的角度来描述他是如何发现宿舍区的安全漏洞的，如何利用漏洞入室盗窃的。这样一堂生动的安全教育课是我意料之外的。中国的高校也许更多时候关注的是事发后的补救与大检查，对于安全教育也常常停留在发本小册子让学生自己阅读的阶段。而国外，当我第一天到宿舍时，任何显眼的地方都能看到灭火器，很多门上都有“Fire Door Keep Shut”（请保持防火门关闭）的标识，在每栋建筑里面的安全出口都能看到“不得占用”的标志。听这里的学生说，他们一学期要举行好几次这样的演习。这让我感受到这所学校对于学生生命、财产的珍视。安全教育持续了大概30分钟，整个会场将近400个学生，但是让我惊讶的是期间没有人打瞌睡，没有人说话，没有一次手机铃声响。

当然，这次演习也给了我另一个很大的收获，当我随着人流站在宿舍区中央的空地时，我看到了几个中国学生，主动上去跟他们打招呼，没想到他们都来自我亲爱的上海对外贸易学院，那时候真是体会到了他乡遇故知的兴奋，我们迫不及待地拿出手机记号码。在安全教育回来后，一个学生邀请我和另外3

名中国留学生一起去她寝室尝尝她下厨的手艺，我欣然接受。她寝室一共 7 个人，只有她一个中国人，其余都是英国人，她说室友们每天都要喝酒、泡吧，从酒吧回来后又在厨房嗨到凌晨三四点，这让她有点崩溃。我安慰着她，希望她能够慢慢适应。当然，在她寝室我们也见识了英国年轻人的疯狂。只见他们采购了几大包酒，然后画上五颜六色的妆，很像在中国看到的动漫真人秀。今天他们的派对主题是回到学生时代，于是他们都穿着白色的衬衫和黑色裤子，女生一律是黑色带肩带的热裤，然后用马克笔在白衬衫上写着学生时代的话。其中几个室友请我在他们的衬衫上写上几句中文，当我写上"我爱中兰开夏"时，他们可开心了，很自豪地秀给其他几个英国人看，似乎衣服上有中文字是件非常值得炫耀的事。几个室友邀请我们一起喝酒，我们婉拒了，我们还是乖乖地做中国好学生吧。他们用奇怪的眼神看我们四个中国人在厨房里兴致勃勃地做罗宋汤。当我们把做好的番茄鸡蛋请他们品尝时，他们看了看，摇摇头，也婉拒了，也许对于他们来说番茄怎么能煮熟了吃呢？他们呼朋唤友，浓妆艳抹地出门了，我们几个友好地希望她们今晚玩得愉快。

呵呵，充满各种新鲜的一天。

2011 年 9 月 14 日中央兰开夏大学，Futures

今天上午 9 点半有一个见面会，以至于我从早上醒来就很紧张。由于昨晚和几个中国学生聊到很晚，回来后直接洗澡睡觉了，对今天的会议还没做好准备。我只能利用吃早饭的时间，看看相关资料。我一边啃着面包一边上网查着 Futures 的介绍，终于对它的服务对象、运作方式、业务职能、人员结构、特色项目有了一个大致的了解。出门时的心情就两个字：忐忑。

9 点半我和 Anne 准时出现在 Futures。和我见面的是 Nicky（国际生涯辅导咨询师）Adviser on Careers & Employability。她先让我介绍了一下自己的具体工作，我谈了一些我作为辅导员的日常工作，主要讲述了我是如何辅导学生进行职业生涯规划的。我谈到了在培养学生职业规划方面，上海对外经贸学院也是贯穿大学四年，每年都会有针对性地开展一些活动，平时也会采取一些一对一的方式与学生交流。

之后 Nicky 非常详细地介绍了 Futures 的工作内容，除了传统的个体预约咨询，提供招聘信息（包括全职、兼职、实习和志愿者活动）之外，他们也将就业能力培养放入了课程体系中，采用选修的方式让学生选择自己喜欢和需要的课程。最有意思的是他们的奖章计划运作，学生可用自愿的方式来争取不同的荣誉，分为铜奖（必须在指定模块课程中获得至少 20 个学分）、银奖（必须在指定模块课程中获得至少 30 个学分）、金奖（必须在银奖基础上参加一场面试）。

Nicky 给了我一张本学期奖章计划的模块概述，我仔细看了一下列出的课程，内容覆盖非常广，如评估中心、建立信心、创造性解决问题的能力、发展创新等，主要涉及了生涯发展、工作生活经验传授、通用能力培养、情商和个性、创业等几大方面的内容。每种课只需上五次，每周一次，每次 2 小时，不能缺席，结束后交报告和论文，不过这些奖项所涉及的学分与学位无关，对毕业没有影响，这纯粹是学生自愿参加的课程。

在 Futures，还有每个模块的课程介绍，半张 A4 纸把学生最想知道的内容都写在了上面。正面是课程名称和所含学分，背面是介绍这门课是什么，什么时候上，怎么考评，学过这门课的学生怎么评价它，学了这门课能使你具备什么知识和能力，学这门课前的基础课程是什么。看了课程安排要到十月份才有第一次课，真想去听听。

此外，Nicky 还告诉我每学期他们学校都有很多讲座和活动，我都可以去旁听，他们的讲座有些有较强的针对性，如有专门针对想做老师的，也有专门针对国际学生可能涉及的工作签证、文化适应等问题，有些则比较大众化，如简历撰写、面试技巧等。当然有些是现场举行，有些是网上授课。

后来当我谈到我们学校举行一些团队的商业模拟竞赛来提升学生的团队协作能力，从而培养他们的就业竞争力时，Nicky 表现出了浓厚的兴趣，她说也希望能从上海对外经贸学院这里学习到一些新的做法和尝试。

之后，我问到了关于学生创业能力培养方面的问题时，她告诉我在中央兰开夏大学里那栋最为现代的“媒体工厂”，四楼就是他们的产业孵化基地。看来和我们学校的创业中心差不多嘛。不过他们起了个好听的名字：Northern Light。

然后我提了几个比较关心的问题，包括他们指导教师的来源，他们是如何有效服务毕业生的，在谈到学生实习的时候，她对中国学生乐于自己去选择实习机会，而不是等着学校给安排表示出了钦佩。她告诉我，在英国留学的中国学生有个很显著的特点，就是相比其他国家的学生来说特别喜欢去福利院做志愿者，或者帮助弱势群体，希望我能在和她一起工作的时候，一起去寻找一下原因。

最后，Nicky 告诉我，有任何问题都可以和她联系。我笑着说估计我还要好多问题需要向你请教。Nicky 给人的感觉非常亲切，想到 1 个月后我就会和她共事，真是一件很开心的事。

回到办公室，快中午了。下午，我拿着一堆从 Futures 拿回的各种资料，又开始强迫自己做阅读理解了，同时再次进入 Futures 的网站，仔细地了解他们的每项工作，甚至打开每一张图表了解他们的设计意图。发现有很多地方值得学习和借鉴。比如，在学生生涯档案制作上，他们的档案非常精简，一目了然，档案在制作过程中，充分考虑到了自我评价的因素，引导学生去探索和发现自己生涯方向。

经过一下午，的确又有好多问题出现在脑子里，我想先问问 Anne 吧，她不知道的话我再给 Nicky 发电子邮件。我把问题整理出来一个个地问 Anne，她都非常耐心地帮我解答了。真好！不知道过几天是不是又有新问题跳出来呢？也许等到我真的去 Futures 上班的那天，我的所有疑惑都会解开。

2011 年 9 月 21 日　中央兰开夏大学，国际办公室

上周终于把中央兰开夏大学与其他高校的校际合作协议文件以及相关的合作备忘录全部翻译完了。然后办公室的 Nathaly 请我帮忙给他们的中文网站提修改建议，我问她你看得懂中文么，她说看得懂，就是很慢，好吧，于是我洋洋洒洒写了2000字的中文修改报告给她,结果没想到汇报时还有 Fiona 参加，Nathaly 坐了 10 分钟就跑了，于是我要跟听不懂中文，也看不懂中文的 Fiona 讲中文网站的修改建议，那叫一个吃力啊。因为打开每张网页都需要首先告诉她这张网页是在说什么（包括所有的页面内容和链接内容），然后告诉他们哪些地方需要修改，怎么修改。这个会足足开了 2 小时，Fiona 的本子是记得密密麻麻，开完会，我是口干舌燥，我俩是饥肠辘辘了。

Nathaly 回来后看了建议，觉得还可以，我总算松了口气。不过她接着说，让我分析一下谢菲尔德大学和诺桑比亚大学两所高校的中文网站，看看还有什么借鉴，另外利物浦大学和诺丁汉大学由于在中国西安和宁波都有分校，也可以借鉴。于是这下我吃一堑长一智了，再也不敢写中文的报告了，写了也没人看，于是这周一大早，我终于把六大页的英文版分析报告和中央兰开夏大学中文网站的进一步修改建议发给了 Fiona 和 Nathaly，并预约本周五继续面聊。

本以为终于可以休息了，今天又是两个新的任务。任务 1：收集中国政府对于博士生培养的资助计划以及留学基金的设置情况。任务 2：准备一个发言稿，下周国际办公室部门例会上发言，题目是：上海对外贸易学院的辅导员的工作。所以这周继续繁忙吧……

此刻晚上 10 点多，窗外的音乐还很劲爆，隔壁的英国学生刚从酒吧回来，准备嗨第二场，也不知道他们哪来那么多精力，第二天还能否按时上课。远处图书馆内还灯火通明，这里的图书馆是 24 小时开放的，还有好多学子在查阅资料、写论文、做研究。这里的大学就是这样，你可以选择你想过的任何一种生活方式，但是必须对自己的未来负责。

2011 年 9 月 26 日　中央兰开夏大学，I[①]

国际办公室的 Tim 说，如果我的工作总是面对文件，那么会变得很枯燥，他准备让我多些机会接触到学生，所以这周我的工作地点发生了变化。

还没从周末的爱丁堡之行中缓过神来，这周一就换岗了，被轮岗到中央兰开夏大学的“I”，这个部门主要负责解决学生疑问，内容包括报道注册、签证办理、学籍证明、转专业申请、学历审核、家属邀请信发放、签证延期、工作签证办理、银行卡开户等，类似于我们的一站式学生事务中心，但业务内容比学生事务中心宽泛多了。

那叫一个累啊，要知道在国外高校是没有辅导员的，于是所有的学生都会到这里来提问。每天就是不断地回答各种问题，重复回答来自不同学生的同样的问题。

每天会看到肤色白的、黑的、黄的学生，会听到苏格兰、威尔士、美国、

① 中央兰开夏大学学生信息服务中心名称。

中国、印度、巴西、非洲、韩国口音的英语，会遇到不知道自己学号的、不知道自己专业的、不知道什么时候开学的、不知道校园的路，甚至连自己名字都拼不对的学生。每当中国学生来询问，他们总会用一种很期待的眼神看着我，问我“我能和你说中文，你帮我翻译给工作人员么？”我只能遗憾地说“对不起”，因为这里为了让学生尽快适应学习生活，在工作时间内哪怕是两个中国人对话，也不允许用中文。

第一天，各种表格、各种问题扑面而来，幸好我目前只是在 Chhaya 旁观摩学习，协助她记录问题，收发表格，归类文档，做她的“助理”。虽然工作如此繁忙而重复，但是她依然面带微笑，热情地回答着每位学生的疑问，对于任何不应由她负责的事项，她都会一再地向学生说明应咨询的部门，并告知地点和联系人。对于每张表格，她都会解释哪些空格需要学生填，哪些需要院系填。对于每位久等的学生，她都会说抱歉；对于每份需要复印的证件，她都会亲自去复印而不是退回去让学生自己复印；每天她都会做一张表格，将工作分类，根据学生咨询的内容分为不同类型，每解决一个问题就在相应的表格内标记，由此推断学生对哪些方面信息最急于了解、哪些问题困扰学生较多，从而安排专题讲座进行讲解。

下午 5 点，我可以下班了，不过 Chhaya 还要整理收集的所有表格，根据学校信息系统核对学生所填信息准确与否，然后回复所有学生发来的电子邮件（我看了一下估计每天都有 40 多封）。个子小小的 Chhaya 让我看到了无穷的能量，她身体里那份对工作的无限热情感动着我、震撼着我。虽然当我们中午喝咖啡、聊天时，她也会流露出疲惫和无奈，但是当面对一脸疑惑的学生时，她又精神焕发，她说因为这样她才能给学生信心和鼓励。听着每个学生茅塞顿开的表情，听着每个学生微笑着说谢谢，她一脸很有满足感的笑。

这让我想起了一句话，也许我们没办法改变生活，但是我们可以改变对生活的态度。

如果每件事我们都用心去做，那么相信生活也会回馈给我们很多。

2011 年 10 月 4 日　中央兰开夏大学，语言学习班

从这周开始，中央兰开夏大学的免费英语课程开始上课了。每周二、三、五中午 11:00 ~ 13:00，因此我的吃饭时间不得不挪到了 13:00 以后。

刚到这里就听说这个课程很有趣，因为全部课程是由学生团队负责授课的，大部分授课学生来自中央兰开夏大学的师范专业，他们授课是无偿的，这也是他们实践教学方式方法的一个有效途径。他们授课形式非常多样，主要面向英语非母语国家的学生开放，旨在帮助学生提高英语听说读写能力，尽快适应英国的生活。于是我"混迹"在了其中，成了一名学生。一方面想提升自己的英语水平；另一方面想了解一下这样的一个学生教学团队的教学模式和运作方式。

这个课程没有教材。每次课程分为不同的班级，教授不同的内容。我所在的班级，大概 20 个人，有法国人、日本人、中国人、阿拉伯人等，我原以为应该会有很多中国学生来参加，因为据我所知在中央兰开夏大学有好几百名中国学生，可是没想到在这个班里日本学生却占了多数，据说这个学校只有 25 名日本留学生。看来对于学习，中国学生还是缺乏一定的主动性，对于很多开放的资源，还是缺乏主动获取的意识。

刚开始的课程，从最基本、最简单的话题开始。

部分 1：

自我介绍。这个自我介绍很有意思，说出自己的名字，但是要在前面加上一个形容词,并且这个形容词的第一个字母要和自己的名字的第一个字母一样。

之后每人一张彩色卡片，不是自己写自己的名字，而是通过与同桌三分钟的聊天，在卡片上写出同桌的名字，以及所询问到的一些信息关键词，当然也可以用图像画出来。3 分钟后，将卡片展示给全班看，并向大家介绍你的同桌。最后与自己的同桌交换卡片，放在自己的桌子上，以便老师和同学能第一时间叫出我们的名字。

部分 2：

换了一个老师，在 PPT 上放四张照片，要求尽量详细的描述这四张照片。有点像推理题，根据照片上的背景、人物衣着、动作、手中购物袋推断出了，大家你一言我一语，最后居然推测出这是我们其中一位老师上个暑假和他的中国女朋友去法国购物时所拍摄的。之后，老师让我们用 2 分钟时间写出这个暑假你是怎么度过的，要求写200字，然后讲述、分享给大家，真是想象力大比拼啊！

部分3：

因为在场的大多数是新生，有些对于这个学校的周边环境还不是非常了解。轮到这一章节，上来的老师是一个很瘦小的利物浦的男生。问我们喜欢购物吗？除了一个来自阿拉伯的同学没举手，大家都把手高高地举起来。老师很开心，说他也喜欢。于是下面要做的是我们每个人说一个你最喜欢逛的商店店名，不能重复。有意思的是，通过说店名我们发现中国学生喜欢去的店主要是卖衣服、鞋子的；日本学生说的店名基本上都是卖化妆品和护肤的；西班牙学生喜欢去的店是超市和食品店；法国学生则喜欢去甜品店，大家很欢乐地报着店名，不一会儿黑板上就满满的一堆名字，很多店我都没去过，甚至没听过，但是通过这样一种方式，我突然发现又多了好多话题可以和周围的人聊，又有了好多店我可以去逛，一下子对于这个小镇周围的配套资源就熟悉了起来。真是有意思的主题。

部分4：

老师发给每人一张纸，上面是他自己写的关于他在普雷斯顿的购物体验，阅读2分钟然后问我们五个问题。问题不难，但是通过问题，我们知道了在普雷斯顿哪些店东西比较全，哪些店东西便宜但质量不怎么好，哪些店比较高端，哪些店接受学生打折，什么时候会有促销等。真是一篇不错的文章，或者说是购物攻略

部分5：

最后一部分，是个有意思的辩论。这个辩论不像国内学校的辩题那么正式。离我们学校最近有一家超市，叫做 ALDI，我是那里的常客，几乎每周去三次采购食品。老师把我们分成两组，一组的辩题是：为什么要去 ALDI 购物，第二组是为什么不去 ALDI 购物。我被分在第一组，刚开始我在想，在座各位应该都是去那里购物的吧，那么第二组的惨了。但让我们没想到的是除了价格低廉和离学校近之外，竟然真的没发现这个超市有什么特别优势之处。反倒是另一组的学生开始千方百计找 ALDI 的问题，比如，缺少手挎购物篮（只有手推

车，且需付 1 镑），购物袋需要购买不是免费的（其他超市是免费的），关门时间太早（下课去已经关门），下午去生鲜食品会缺货等。一下子让我们对于超市的运营和服务有了更全面的认识。最有意思的是我们组一个日本学生说在 ALDI 结账很快，不用排队。另一方一个法国学生说我不同意排队是缺点，我喜欢缓慢的生活节奏，慢悠悠地把东西放在传送带上，慢悠悠地付款多好，我不喜欢被收银员叫着快点快点，然后不停地快速把东西从购物车拿出、装袋、付款。这也许就是东西方文化的差异和生活城市不一样所带来的对于生活节奏的把握吧。最后第二组获胜，但是当老师问所有人，你们以后还会去 ALDI 购物么？大家异口同声说“Yes”！全场都笑了。一次简单的辩论，让我们从轻松中感受到了思维方式和文化的差异。

两个小时的课程中间没有休息，我惊讶自己中途没有看一次手表、看一次手机，没有一次想下课的感觉。五个英国学生轮番上阵，给我们带来了不一样的教学方式。虽然他们还是在读学生，有些甚至是第一次站在讲台上，还有些紧张，但是从他们对于在座每个学生的热情，下发的详尽的资料，认真的教学态度可以看出他们在课后都做了充分的准备。下课时，大家都情不自禁地为他们鼓掌。一次课程体验，让我感受到了学校对学生实践平台的搭建形式可以更加多元化，平台不应该仅服务于参与主体，也应注覆盖到服务客体，在提升部分学生综合能力的同时也应更强调为全体学生服务的宗旨，这样才不至于让一些平台或活动流于形式，成为少数活跃分子的自娱自乐。

2011 年 10 月 12 日　中央兰开夏大学，Wiser①

英国的学业指导（上）

刚到学校，会收到各种各样的宣传单，有一天一张类似于书签的小卡片吸引了我。这是一个叫 Wiser 的部门，专门给学生提供学习方法方面的指导和建议，帮助学生掌握大学里最有效的学习方法。

Wiser 所针对的是所有的学生，无论是新生还是毕业班的学生，无论是本科生还是研究生，无论学习到何种阶段，只要在学业上关于学习方法的咨询建

---

① 中央兰开夏大学学生学业指导部门名称。

议都可以到这里。这里不需要预约，每个工作日会有两个小时（12:00 ~ 13:00，16:00 ~ 17:00）对学生开放，由专门从事学术研究的老师对其进行一对一的学术指导。学生可以将自己所写的学术论文、毕业论文、调研报告、作业等拿去，就文章结构、语法、专业术语等问题进行咨询。学生也可以发邮件到 Wiser。当然，为了使更多学生享受到这种服务，规定每个学生每五个工作日只能提交一份需要指导的文章或者作业。为了保证学生所提交的作业和文章都能被指导，所以文章不能太长，不能超过 3000 字。为保证咨询质量，每篇超过 500 字的文章或作业需要三个工作日进行分析和回复。

从中，我不但能切实感受到英国高校对于学习方法培养的重视，也感受到了英国人做事的严谨和认真。很多时候中国的高校在对学生入学后的教育主要还是单向灌输的说教的模式，比如，告诉他们要独立，要学会主动学习，要自觉，要自律……但是习惯于高考重压之下的中国学生在刚刚摆脱束缚以后，对于大学宽松的学习氛围大多数在短时间内是无法适应的。相当一部分缺乏自制力的学生通常是经过了一学期甚至一年的磨合期，经历了各种考试挂科、排名垫底之后的痛彻心扉才幡然醒悟（当然也有自暴自弃，执迷不悟的）。实际上很多学生并非无心学习，而只是在进入大学后，面对与高中完全不同的学习方法，面对与高中完全不同的管理方式不知道该用什么样的方法来学习。有人告诉学生怎么有效记录课堂笔记吗？有人告诉学生抄板书和记笔记是有区别的吗？有人告诉学生如何进行时间管理吗？有人告诉学生如何让自己的发言精彩吗？有人告诉学生学术论文的结构格式吗？有人告诉学生学术论文的语言表述误区吗？有人告诉学生参考文献的查阅渠道吗？有人告诉学生如何正确引用研究成果而又避免抄袭嫌疑吗？有人会告诉学生在团队中成为领导者并不一定适合每一个人吗……这些问题具体而现实，是每个学生实实在在正在面临和亟待解决的。

古语说授人以鱼，不如授人以渔，授人以鱼只救一时之急，授人以渔则可解一生之需。

在学习方法的传授上，中国的高校老师上课往往只讲课程内容，辅导员也只能根据自己以往的学习经验来告诉应该怎么学。但当辅导员自己所学专业与所带学生专业差异较大时，往往很难给出具有指导性和建设性的建议。现实中，中国学生的方法大多来自学长学姐的建议和同学间的相互模仿。这必然缺乏一定的科学性，且需要较长的时间成本来掌握。因此，高校在对考风、学风重视的同时，更应注重对学生正确学习方法的培养，这种培养实际上是提升学习能力的一种有效途径，对于学生将来踏入社会或者继续深造是极其有用的。只有让学生更有效率地学习，更科学地学习，才能让他们彻底走出“为考试而学，为分数而学”的困境。

好啦，明天继续讨论这个话题。各位晚安！

2011 年 10 月 13 日　中央兰开夏大学，Wiser

接着昨天的说，英国的学业指导（下）

在 Wiser 的卡片上说每周三和周五会有一个讲座，于是这周三我决定去体验一下。

每周的主题不一样，包括：研究你的第一次作业，撰写学术论文，如何避免抄袭？学位论文的概述，学术写作文体分析，演讲技巧，调查报告撰写，如何撰写文献综述等。

上周三我兴致勃勃地跑去，结果座位已满（他们采用小班形式，一个教室只能容纳 20 个人，以保证质量），我被无情地拦在门口了，郁闷地打道回府。所以这周，我早早跑去，要知道说到提前跑教室占位子，没人比得过中国人。

在教室里，我看到了大一的、大三的、研究生、博士生。这周的讲座题目是撰写学术论文，上周讲了前半部分，这周继续。老师很好，知道我和其他几个同学上周没来参加，告诉我们在校园的内网 E-learning 下载中心可以下载到相关的上次讲座的视频资料。

讲座的主要内容包括：

（1）学术论文的基本结构应该包括哪几个部分。

（2）段落的特征是什么。

（3）段落应避免出现的误区（无主旨或多主旨，段落之间无逻辑关联）。

（4）如何撰写每个段落（主旨观点，澄清解释段落主旨，引用例子论证，解释论据与论点的关系以及如何支撑，归纳总结承前启后）。

（5）文章介绍应该如何撰写（概念界定，背景介绍，阐述研究目的，描述实施计划）。

（6）结论应如何撰写（总结论点，并说明论文之间的关系，再次澄清文章主旨和达到目标，不能出现新观点）。

（7）如何支撑论点（逻辑关系，引用论证）。

（8）如何引用（直接引用，间接引用，注意引用时的标注规则）。

（9）学术论文写作禁忌（不用俗语俚语，隐喻比喻，缩写，性别歧视，I 或 you）（用 one、researcher、或者 it 从句代替），以 and 或者 but 开头（换成 futhermore、moreover、in addition to、nevertheless、however）过于长的直接引用等；Do（提倡）被动语态，第三人称，恰当的连接词等。

当然讲座不是简单的讲解，其中针对讲述的每个部分给了一些题目和例子让大家相互讨论。比如，给出一个题目“非言语交流在人际交往中的特征”，让我们讨论如何围绕这个题目来构思一篇学术论文，要求分 5 个段落，只要说明每个段落的大意即可。

比如，针对同一个题目“酒店餐饮行业员工减少的原因是什么，有什么建议”，给出了三篇文章的开头和结尾，让我们讨论哪一篇的开头和结尾写得比较好，并说明为什么。

又如，给出两幅油画和两篇美术专业学生针对这两幅画所写的评论文章，让我们讨论并评论哪篇更像学术论文，并说明为什么？

对于讲座中有些内容也许平日学习中知道一些，但并非是从专门课程中学到的。更多的内容对于我来说是全新的，尤其是英文写作的一些方法，虽然学了 20 多年英文，但是似乎我们在面对写作时，往往用了一种看似最简单的方法——背模板。而对于模板背后为什么要这么用，有没有其他的表述并没有多加考虑。所以到了最后，中国式的英语就变成了类似 how are you 之后，永远是 Fine，thank you，and you?

当然对于学术论文的结构，很多大学生可能要到大四写毕业论文那天才会有兴趣去关注，在他们看来，论文离他们很遥远。而实际上，这种方法论的教育模式教给学生的是一种逻辑思维方式，一种用有逻辑的语言去表述自己观点的行为方式。这种方式不仅仅用在论文上，也要适用于任何需要思考的地方。

最后讲座结束，我回到寝室打开电脑，进入学校的 E-learning 下载中心，果然找到了上周讲座的全部内容。让我惊喜的是，在下载中心里面我发现了很多关于学习方法的介绍。最让我惊讶的是，中央兰开夏大学清楚学习方法并不是一成不变的，每个人都应该有适合自己的学习方法，相互模仿是完全不可取的。每个学生都可以下载到一个测评问卷，通过问卷可以了解到自己的个性、能力，检测出什么样的学习方法适合自己，并且可以检测出在团队学习中，自己最适合承担什么样的角色，真是相当科学的一套流程！

充实的一天又要结束了，下周三，“如何避免抄袭”，这个题目足够吸引人，看样子我又要去抢位置了。

2011 年 10 月 14 日　中央兰开夏大学，国际办公室

早上起来想着下午 1 点的会议就很忐忑，还是去上班了，带上了笔记本电脑，可以一边上班一边整理我的 PPT。身边的同事得知我在准备发言稿，都给我鼓励，并友好地祝我好运。第一次给外国人讲，心里非常紧张啊，题目是“我在中国高校的辅导员工作和我来到英国的收获”。这是我第一次用英文讲，时间只有 10 分钟，面对的是国际办公室的所有同事，所以讲什么、怎么讲就很重要了。由于体制不一样，很多工作在英国高校同仁看来是有些不可理解的，所以要考虑所讲的内容能引起他们的兴趣，跟他们的工作有些相关点。

下午讲的时候很紧张，尤其是中段部分，担心超时又怕表述不清，有点不知所云了。不过后来回归了，举的一些例子逗得他们都笑了。讲完后如释重负，还好 15 分钟内搞定了。同事们还是给我了掌声。最后还针对我的陈述提出了一些有意思的问题，比如，一个人如何分配时间处理 200 多学生烦琐的事情，如何从刚来英国时的无助迷茫到现在的慢慢适应，如何学习英国的文化等。

之后同事希望我收集一下关于中西方文化差异资料，在我离开英国前给他们老师做做介绍。同时，希望我下周与他们一起探讨如何让国际学生适应并融入英国校园学习。

回到办公室后没去参会的同事问我情况，告诉他们一切还好，就是有些紧张，担心自己的英语表达不是很好。他们笑着说没事，只要保持交谈，保持微笑，一切都会很好的！

对于我来说，也许以后还有很多挑战需要面对，加油吧，保持微笑！

2011 年 11 月 1 日　中央兰开夏大学，I

今天上班，遇到了 Wendy，很久没见到她了。她是广东女孩，两年前从中央兰开夏大学硕士毕业，专业是英语教育，英语很流利。她以前是广东外语外贸大学的学生，也是通过交流生项目才到了中央兰开夏大学。我在“I”上班的时候她正好在这里做学生助理，因为大家都是中国人，所以很容易就自来熟了。吃过几次饭，喝过几次咖啡，还一起去利物浦逛街，所以关系还不错，时常在 MSN 上聊天。

她告诉我最近她比较郁闷，国际办公室招新员工，她满怀期待地投了简历。应该说那份简历实际上是一份申请表，内容非常详尽，和世界 500 强的申请表差不多，还有主观题。她用了一个晚上认真填好了，发给学校 Futures 的职业规划咨询老师 Nicky 看，Nicky 给她提了不少建议，还邀请她做了一个一对一的模拟面试。应该说她准备得非常充分了，加之她出色的语言能力和长达半年在“I”部门的实习经验，我们都认为她应该志在必得。可是面试后没几天，我问她结果，她郁闷地告诉我她被拒了，现在需要继续找工作。她告诉我，她来英国五年了，已经习惯了这里的生活，也习惯了与外国人打交道的方式，如果回国可能真的不习惯了。

她的遭遇并不偶然，其实可能每天都发生在中国留学生身上。毕业后到底是留在当地找工作还是回国就业都是个让很多留学生纠结的问题。其实不仅仅是英国，在其他国家的留学生也一样面对这样的问题。最近随着又一个毕业季的临近，很多中国学生开始面对这个问题。其实这是需要从长计议综合考虑的，这取决于所学的专业，所在留学国家的就业市场情况，留学国家的政策，留学生的家族经济实力，对于移民身份的渴望程度，薪资的期待程度，你对于自己未来职业的发展期许等。这些事情也许在你决定要出国留学的时候就要纳入考虑范围了。

就英国来说，有一种签证叫 PSW，也叫毕业生工作签证，就是在英国大学毕业后可以申请留在英国工作两年，两年后你可以申请其他签证，也可以回国，这取决于你这两年的工作性质和工作单位。所以在两年内找到一份理想的，并且有正式合同的工作成为每个拿 PSW 的学生的梦想。但随着英国近年来就业环境不容乐观，2012 年 4 月起，正式取消 PSW 了，也就是说如果希望毕业后留在英国工作的同学必须在毕业前找到工作。当然拥有海外留学背景的学生回到国内也是具有相当强的竞争力的，前提是好好利用这段经历。

我想到了，近年来随着我们学校想出国的人数越来越多，我真的想告诉每个学生，你们不能只关注 GPA、只看雅思托福成绩，更多时候需要冷静的思考，与家人沟通，你的职业目标、你兴趣所在、你是否适应跨文化生存、你是否具有独立思考问题解决问题的能力、你是否想移民、你的家庭财力支持力度等。

11 月 21 日开始，我将去 Futures 工作，在那里是专门针对学生的就业工作的，我希望我能通过参与到他们的工作当中，与他们讨论出一些工作上的新举措，切实帮助到更多在英留学的中国学生提升自己的就业竞争力，无论是想留的，还是想走的。

2011 年 11 月 11 日　中央兰开夏大学

今天是 2011 年 11 月 11 日。今天一如既往的上班，一如既往的繁忙，在打印邮件时写到 11/11/11，于是笑着对身边的同事说今天在中国是光棍节，同事表示很好奇，我跟她解释 1 像一个人形单影只没有陪伴，她笑笑，没有多说什么。

到了上午 11 点，办公室里突然静默。我正找 Carthya 有事，她对着我小声说：保持两分钟沉默。我看看周围打电话的放下了电话，在给学生咨询的也不说话了，大家都放下手头上的工作，静静地坐着。要知道我们这里是窗口部门，平时都是学生，闹哄哄的，一下子变得死一样的寂静，掉根针在地上都能听见，时间就像凝固了一样。

两分钟后，一切又恢复了正常。Carthya 告诉我今天是阵亡将士纪念日。1918 年 11 月 11 日第一次世界大战结束，为了纪念这个日子和在战争中献出生命的人们，每年的 11 月 11 日上午 11:00 在全英国会举行两分钟的静默，后来这纪念范围不仅仅是第一次世界大战，也包括第二次世界大战和所有为国家而战的军人。在英国这是个激发爱国主义情怀的日子，提醒人们缅怀历史，对今天心存感激。她指了指隔壁座位的 Tracy，一个热情的黑人同事，她告诉我她胸前那朵红色的罂粟花就是用来纪念的，这朵花一英镑一个，捐献的钱用于改善退伍军人的福利。我突然想起来最近为什么总是看到有人胸前别个同样的小红花。

听了之后，当时我心里不知道什么感觉，觉得一个国家对于历史的重视真的值得敬重。当我们在强调中华民族创造辉煌历史的同时，是否保护好了自己宝贵的文化遗产？当我们强调我国民族所经历苦难时，是否去引导人民从历史的经验中吸取教训？当我们强调别国歪曲篡改历史时，是否我们的学生都能清楚地知道过去到底发生了什么？中国有太多太多值得纪念的人和事，我们能否在忙碌的 365 天，匆匆的 24 小时中，挤出哪怕 2 分钟，来怀念一下曾经的过往，来告诉未曾经历的人，这一刻值得记住，这些人值得缅怀。

11 月 11 日，当中国的网站还在铺天盖地进行购物狂欢时，在这里，英国的学校却给我上了一堂难忘的课。

2011 年 12 月 14 日　中央兰开夏大学

今天早上 9 点参加了一个关于学生申请 Futures 金奖的面试，关于这个奖项我曾经提到过，是他们学校负责职业规划部门所设置的一个鼓励学生学习提升自己就业力的课程奖励措施，有学分、免费，但是所获学分与毕业证书无关，纯粹是自愿学习。获得 20 个学分则获得铜奖，30 个学分则获得银奖，如果在此基础上参加一个面试并通过，则获得金奖。这个金奖的名单会在毕业典礼上公布，对于他们来说这应该是种极大的荣誉吧。我今天参加的就是这样的一个面试。评分老师一共 4 人，有 3 人来自中央兰开夏大学，1 人来自校外的企业。

流程是先进行 10 分钟之内的个人陈述，然后回答评分老师的问题。整个流程像极了公司里的面试。

第一个学生，女孩，来自波兰，专业国际商务，本科，虽然从口音上听出英语不是她的母语，但是其口语极其流利。作自我介绍时从自己的学习生涯讲起，怎么到英国的、为什么选择来到英国读书、在学校参加了哪些活动和社团、担任过什么职务、自己觉得通过这些实践获得了哪些就业技能、自己未来的求职目标是客户服务，非常有条理，逻辑很清晰。在回答问题环节，评委们提出的问题并不简单，问题如下：

（1）你以前所从事的什么工作最能体现出你的优势？（这里既需要说你的优势是什么，又需要谈什么工作，还要谈这份工作如何体现你的优势。）

（2）你发现有人是你不喜欢共事的，如何处理？

（3）离开波兰，来到英国，你觉得英国大学带给你不同于波兰大学带给你的是什么？

（4）你遇到过失败么，是如何处理的？

（5）如果我是雇主，我为什么要给你录用通知书？

（6）如果在公司面试中，最后面试官往往会问你还有什么问题需要问吗，这时候你认为通常可以问什么问题？

而且多在针对她的陈述内容提问，而她回答时几乎没有废话，都是直接明了地回答，不时举出例子来说明自己的回答。后来当她结束面试后，几个参与面试的老师都给出了极高的评价。

评价内容如下：

（1）PPT 内容简洁，能用图表将内容清晰表现。

（2）整个陈述过程面带微笑，充满自信，完全看不出英语是其第二语言。

（3）回答问题时听得出答案是经过思考的，不是一般的空话套话，并且实事求是，没有发现编造履历。

（4）能将 PPT 的部分内容在回答问题时重新阐述，说明对 PPT 非常熟悉，是经过精心准备的。

（5）对自己求职目标非常清晰，当问到希望未来从事的职业时，能马上说出职业名称和自己的理解，而非行业或泛泛而谈。

（6）对于未来自己有一定的规划，比如，甚至谈到了 2012 年的夏天打算如何利用，2013 年的寒假如何利用等，计划有较强的合理性和科学性。

第二个，也是女生，来自尼日利亚。同样是非英国本土学生，专业战略管理（方向：石油天然气行业），这是他们国家政府资助的一个项目。开始时，她忘记带 U 盘，她说她的 PPT 在邮箱，由于网速问题用了近 3 分钟进入邮箱，下载她的 PPT，虽然 3 分钟很短暂，但是评委明显已经有点无所事事了。开始陈述，她的 PPT 只有 8 页，每页的格式是 1 个标题加上 1 段话。说实话，看着满屏的英语，听着她充满尼日利亚浓重的口音，我都有点想睡觉的感觉。她主要阐述了她的专业，以及她在奖章课程学习方面的收获，重点谈了她所选择的两个课程模块，这两个模块包含些什么课程，带给她了什么。陈述很简短，只有 6 分钟就结束了。听得出她很紧张，整个过程声音都是颤抖的。她陈述结束时，评委老师很同情地说：不要这么紧张，你做得很好！

问题是：

（1）举个例子谈谈你认为什么是情商？（因为她一直在强调说她学习了情商这个模块的课程，并获得了 10 个学分。）

（2）你曾经做过什么工作？

（3）如何使别人赞同你的意见？

（4）你的理想职业是什么？

（5）你已经获得了银奖，为什么要申请金奖？

回答问题时，明显感觉到她的求职目标并不清楚，对于自己专业涉及的石油天然气行业也并不清楚，只是知道这个行业内的几个大公司名字，对于这些公司的招人计划和招聘要求无法回答出来，回答问题时基本上是一句话，没有解释和阐述，冷场了好几次。而且口头禅为“yes”，一句话里至少有三个“yes”，让人很崩溃。最后一个问题，她的回答是“我并不清楚这是申请金奖，我以为这只是课程考核的一部分”，一时间大家全傻了。

评价：

（1）准备不充分。

（2）PPT 制作有较大问题，没有把要点提炼出来。

（3）不够自信，整个过程声音颤抖，没有放松。

（4）最重要的一点：向别人推销自己时，不要只讲自己学习了什么（课程），雇主更希望知道的是你学习之后你用了多少、你曾经将学到的东西用来做了什么、你做的事情让你具有了什么能力和素质？

（5）整个陈述下来大家都不知道她想要申请什么，她的目标是什么。

后来因为时间关系，我后面还要和 Nicky 有个预约见面，后面的学生面试就没有旁听了。希望同学们从中可以了解到国外大学是如何培养学生就业力的，在就业方面强调些什么。

中午 12 点，所有中国来的老师，上海对外贸易学院的，广东外语外贸大学的，深圳大学的和中央兰开夏大学的校领导，国际办公室负责国际合作的 Tim、Karen，语言学院的课程负责人，计算机学院的课程负责人（因为广东外语外贸大学去的是计算机老师）一起吃的自助餐，算是为我们的中央兰开夏大学之行画上圆满的句号。虽然后面我还要继续上班，不过其他几位专业老师的课程都结束了。

下午 2 点我继续转岗，到国际学生招生部门，最后两周就在这里度过了，负责协助审核所有国际学生的入学申请材料。

要申请英国大学的同学注意了，以下材料必须提供：

（1）学位证书复印件（用于核实毕业学校，并查询该校是否设置该专业，有目录检索）。

（2）英语考试成绩（官方认可的考试类型以及每一项的单科分数要求）。

（3）个人简历。

（4）推荐信本科 1 封，硕士 2 封。

（5）成绩单以及 GPA 排名（55%之后的基本不要抱希望）。

以上每一项根据专业不同要求也不同，而且学校不同要求也不一样，以上仅为最基本的要求材料。

审核时要根据申请的专业，查询专业入学要求，核实每一项都符合要求，再根据专业决定是否将材料送至学院辅导员处判定。

初审后需要做出四选一的选择：

（1）拒绝（需要录入系统拒绝原因）。

（2）有条件的录取（条件是什么？建议是什么？录入系统的原因）。

（3）无条件的录取（录入系统的各项指标）。

（4）待定，交由学院审核（注明需要特别注意之处，暂时不录入系统，复印材料）。

第七章

笔墨传情

有这么一部分学生，他们内敛含蓄但渴望被关注，他们情感丰富却不露痕迹，他们喜欢用一种更为传统的方式——书信与我交流。对我而言，每次看到文字或是字符，就能感受到字里行间里蕴含着莫大的信任和情感的依赖，这也是辅导员这份工作的价值所在，让人品味不尽！相比其他方式，书信的非即时性，可以让学生在写作过程中的思考更加深刻和理性，更由于它的私密性，学生更易在此吐露心声，让我了解到学生平日生活之外更加丰富的一面。本章选摘了部分经济困难生、少数民族学生、入伍学生、班级干部等个别学生的往来信件。书信往来传递着一种情感、信任，也让学生充分感受到了保护和尊重。（本章所有公开书信均经原作者同意）

第一节　鸿雁往来润无声

【人物背景】

小君，女，湖北人，来自山区，性格较内向。父母均务农，家庭特别贫困，家里还有病重的老人。刚到上海时表现出各种不适应，极度缺乏自信。学习非常刻苦、成绩优秀，数学尤为出色。在大一时，学校两名校友提出想帮助一名贫困学生。我将所有贫困生的材料发给了这名校友，当他们得知小君的家庭情况以及她的学习成绩后，决定资助她四年直到完成学业。

尊敬的黄老师：

真不知道如何来感谢您的关照。因为您的推荐，才让我获得了这个千载难逢的机会。一直到现在我都感觉实在像做梦一般……太惊喜了、太感激了，对这一切我自己从来都没有奢想过……

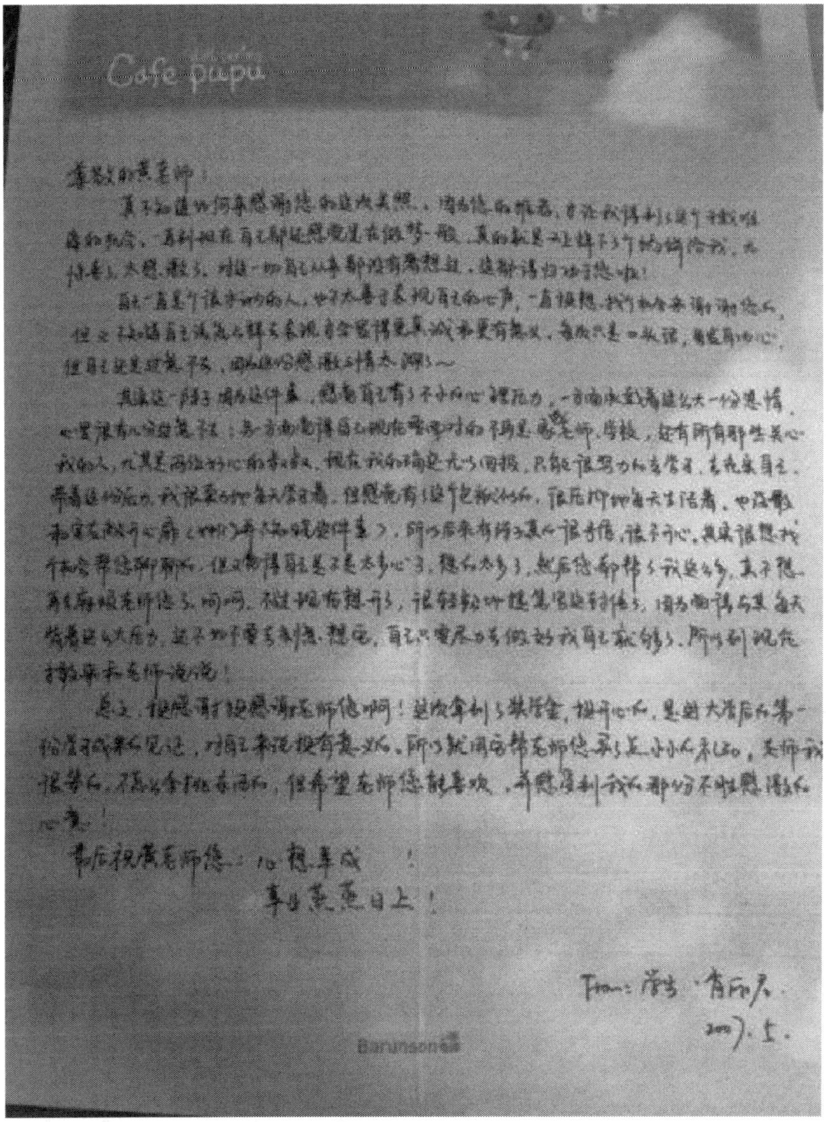

自己一直是一个很木讷的人，也不太善于表露自己的心声，一直想找个机会来谢谢您，但又不知道该怎么样去表达才会显得更真诚和更有意义。

其实这一阵子因为这件事，感觉自己有了压力，一方面承载着这么大的一份恩情，另一方面觉得自己现在要面对的不再仅仅是学校、老师、家长，还有所有那些关心我的人，尤其是这两位好心的叔叔。现在我的确还无以回报，只能很努力地去学习、去充实自己。带着这份压力，我每天很卖力地学习，但是感觉似乎多了这个包袱，很压抑地生活着，也没有跟室友敞开心扉，所以后来有阵子真的很矛盾，并不开心。其实很想找个机会和你聊聊，但又觉得自己是不是多心了，想得太多了。您已经帮我了这么多，真的不想再去麻烦您了。呵呵，不过现在想开了，很轻松地提笔写这封信，因为觉得与其每天背负着这么大压力，不如不要去想它，自己只要尽力去做好我自己就够了，所以到现在才来和老师说说我的心里话。

总之，挺感谢老师您的，这次拿到这笔助学金，真的很开心，是进入大学后的第一份学习成果的见证，对自己来说挺有意义的。所以就用它帮老师您买了份小礼物，老师我很笨的，不会挑东西，但是希望老师您能喜欢，并感受到我那份不胜感激地心意！

最后，祝黄老师您：

心想事成！

事业蒸蒸日上！

From：学生小君

2007 年 5 月

小君：

你好！感谢你送给我的小礼物。但是这里给你提个小小的要求，你要好好支配这笔奖学金，多买一些和学习相关和你日常生活需要的东西，以后不要给老师买礼物了，下不为例哦。

另外，你信中提到了压力，我是可以理解的。可能我们现实生活中会对一些突然获得的收获觉得不真实，觉得不知道该如何回报。你知道吗，那两位校友叔叔他们曾经家庭经济情况也不好，当他们读大学时也是受到了学校的帮助才得以顺利完成学业,他们其实做这件事的初衷就是希望能帮助到学弟学妹们。所以你如果真的想回报他们，就好好努力，等你顺利完成学业，事业有成的那一天，你也可以去帮助更多的学弟学妹们，把这种爱心传承下去。我相信会有那么一天的。当然也要注意身体，按时吃饭和休息。

以后有什么想法可以和我交流，不用担心麻烦我，我很乐意分享你的喜悦，分担你的困惑。希望你每天都开心。另外我也给你买了点水果，放在你们厅了，和寝室的小伙伴一起分享吧。

祝

周末快乐！

黄老师

【人物背景】

小佳，女，上海人，班级团支书，做事踏实，但略有粗心。为防止她因为粗心大意给工作带来影响，我曾多次发邮件提醒并在邮件中注明需要特别注意之处。曾针对她的问题多次谈话，帮助其认识到未来无论从事一份什么工作，都要有责任心，细节决定成败。

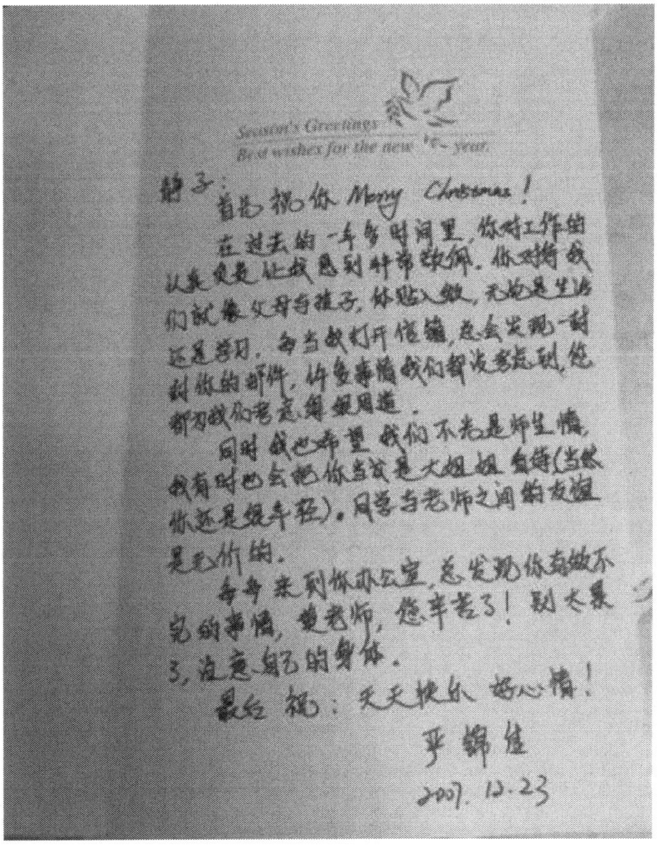
Season's Greetings
Best wishes for the new year.

静子：

首先祝你Merry Christmas!

在过去的一年多时间里，你对工作的认真负责让我感到非常敬佩。你对待我们就像父母对孩子，体贴入微，无论是生活还是学习。每当我打开信箱，总会发现一封封你的邮件，许多事情我们都没考虑到，您都为我们考虑得细致周到。

同时我也希望我们不光是师生情，我有时也会把你当成是大姐姐看待（当然你还是很年轻）。同学与老师之间的友谊是无价的。

每每来到你办公室，总发现你在做不完的事情，黄老师，您辛苦了！别太累了，注意自己的身体。

最后祝：天天快乐 好心情！

平锦佳

2007.12.23

静子：

首先祝你圣诞节快乐！

在过去的一年多时间里，你对我们就像父母对孩子一样，体贴入微，无论是生活还是学习，每当我打开邮箱，总会发现一封封你的邮件。你知道我是比较粗心的人，总会一次次提醒我，让我把许多没有考虑到的事情考虑周到，真的很谢谢你。同时我也希望我们不光是师生情，我又是会把你当成大姐姐看待。

每每来到你办公室，总发现你很忙碌，黄老师，您辛苦了！别太累，注意身体！

最后祝：天天快乐，有好心情。

小佳

2007 年 12 月 23 日

【人物背景】

小莹，女，上海人。在大二的某天深夜，我突然接到她的电话，在电话里她哭着说她母亲因癌症去世了。第二天了解到小莹父亲是一名送牛奶的临时工，她需要面对精神和经济的双重压力时，我想她需要的不仅仅是物质上的支持。除了平时经常到寝室与其谈心，每到寒假我会进行家访，送上慰问金希望他们一家能过个好年；暑假，我通过奔走企业，为她争取到了实习机会；小莹渐渐从失去母爱的悲痛中走了出来，重拾灿烂笑容，并且乐于助人，好学上进。

黄老师：

您好！暑假即将过去了，我们从大三即将升入大四，要成为学校里最老的人了，呵呵。您带了我们三年了，就像个姐姐一样陪我成长，看着我成熟……今天不知怎么，非常想给您写信，报告报告我的暑假生活。暑假之前是魔鬼一般的生活，每天在自修教室复习，自修，还常常上网投简历网申。投了许多，面（试）了几家，虽然很辛苦地跑到很远的地方去面试，紧张地复习中抽出时间准备，但是结果并不尽如人意，也曾很灰心……后来在我找实习的时候，接到了全球国际货运的电话，当时我有点莫名，因为投了很多（公司）想也许是自己投得太多，忘记有投过这家了吧。现在才知道，原来是黄老师您帮我投的呀，从德勤到全球货运，真的很感谢您帮我寻找的这些机会！经过笔试、面试，我终于通过了全球货运财务部门的面试，成为一名实习生。

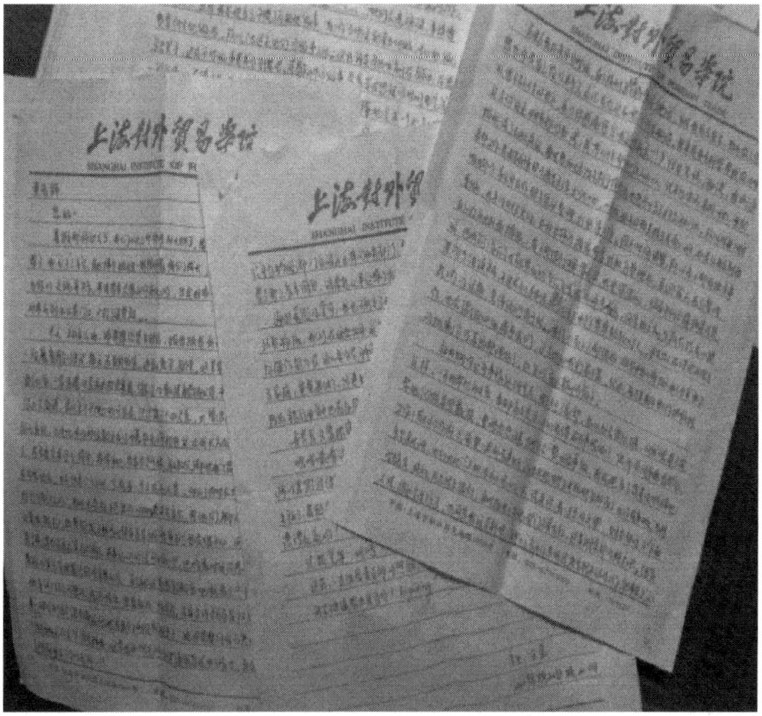

……

我从小家里经济情况不是太好，我对薪水要求也不高，也不担心吃苦受累，想找一份忙碌的工作，可以多学学点东西，多锻炼自己。我记得寒假在德勤的实习，同事们高效的工作给了我深刻的影响，后来因为课程原因，不能继续做下去，心里还是很遗憾的。

……

通过暑假的实习我也确定了我以后的工作方向：外贸物流行业或者银行业。我觉得在外贸物流行业，我们学校的国贸专业是有优势的，我们的基础知识和实际操作能力在大学期间都有学习和培养，我特别喜欢国贸和TMT课程。关于银行，首先是因为家庭，爸爸退休了，外婆生病了，哥哥姐姐他们家里的情况也不好，以后都需要他们好好照顾。其次是银行业务中也与国贸相关的业务，知识也是通用的，自己也挺喜欢。开学又要找实习啦！自己要朝这个方向努力！啰哩啰嗦讲了很多自己暑假的事，废话很多吧……不知道黄老师暑假过得怎么样呢？我会继续努力的！加油！

学生：小莹

2009 年 8 月 22 日

【人物背景】

小辰，男，江苏人，担任班级文体委员，开朗活泼，成绩优秀。在大三上学期毅然决定应征入伍，成了一名远赴西藏某部队的大学生新兵。

黄老师：

感谢您对我的关心与照顾，两年多以来有许多事情麻烦了您。现在我在军营一切都不错，林芝这个地方的确是小江南，气候宜人，新兵营领导挺照顾新兵的，伙食六菜一汤，晚上也能睡九个钟头。不过来参军也带着遗憾，不能与国贸 1007 班的同学们一起毕业，一起毕业旅行，有时候会想起与大家在一起的时光。

再次感谢黄老师，也许退伍回来之后，我这个“文体委员”还要麻烦您。

祝老师：

工作顺利一切顺心

身体健康扎西得勒

小辰

2013 年 1 月 5 日

小辰：

收到你的新年贺卡真的好意外、好惊喜。虽然春节已经过完了，这张卡经过了长途跋涉才到我手里，我想我会好好珍藏的。你不介意我把这张卡片拍下来放在班级群里面吧？我想和你们全班同学分享有关你的信息，因为在他们心里，你仍然是国贸 1007 班的一员，班级很多同学都很关心你。

得知你在西藏一切安好，我就放心了。我一直担心你是否会有高原反应，后来我在网上查了一下林芝的海拔还好不算很高。你在新兵营里要好好表现，既然选择入伍成为一名军人，就要做好吃苦的准备，这会对你快速成长会有很大的帮助。你去部队才 3 个月，可能刚去还有些新鲜感，随着时间的推移，未来可能会遇到一些困难、疲惫、压力，所以你要有坚强的意志力和充分的心理准备，把这些看成是对你人生历练的最好机会。选择了戎装就选择了另一种生活，两年时间希望你能收获满满。

同时，你也不用有任何遗憾，和其他同学相比，你有两个不同的班集体，结识了更多的大学朋友和同学，有更丰富的大学经历。1007 班的同学会记得你，无论是在校期间，还是毕业之后。我也会将 2010 级的毕业纪念册帮你保留一份，等你退伍回来送给你。还有，我随时欢迎你“麻烦”我，如有任何需要我帮助的都可以和我联系。

祝一切好！扎西德勒！

黄老师

第二节　键传心声助梦圆

【人物背景】

晓梦，女，彝族，党员，来自四川凉山自治州贫困县，学习刻苦勤奋，成绩优秀，担任班级团支书。由于以往学习经历中社会活动经历较少，其组织协调能力还有待提升。

From：晓梦

To：黄静

Subject：静姐你好吗？

Date：8 Sep. 2011 19:30:25

黄老师：

晚上好！再过几天你就要开始国外生活了。今天去了几次办公室都听说你去开会了，本来还想给你道个别的，可是没机会了。刚刚有看你的网络日志，真的很舍不得你走。这一年来，黄老师付出了很多，有一堆事情要做，我们这些小朋友还常常给你惹些麻烦事，黄老师你真的辛苦了！

就我自己而言，我是很感谢黄老师的。不管是学习上的指引、社会工作上的指导，还是生活上的帮助，黄老师都给了我很多。我老是爱把谢谢挂在嘴边，虽然是客套话，但我还是想说：黄老师，谢谢你！记得上学期，因为想要给自己一些空闲时间，准备放弃团支书的工作，但黄老师的话改变了我，人真的是要坚持下去才能成功的！这一年，我也在各方面提升了自己，当然这些都是远远不足的。正如黄老师所说，在综合能力上我还有所欠缺，不过我定会在以后的生活里不断提高自己，不辜负黄老师的期望。

最后，希望黄老师在国外一切都好，生活多姿多彩吧，呵呵，我们都等着你的归来！祝一路顺风哦！

2011 年 9 月 8 日

From：黄静

To：晓梦

RE：静姐你好吗？

晓梦：

你好，很高兴收到你的来信。

得知你取得的进步，我很开心，希望你继续努力，相信踏实用心的你很快会做出更大的成就。

你作为国贸专业女生中的党员，我希望你继续保持学习成绩的领先，积极参与学校的各项活动，全方面地提升自己的综合素质，更好地为同学服务。当然我也知道，对你的要求越高，可能给你的压力也越大，你需要去平衡工作和学习的关系，其实这种平衡在以后的工作中也会遇到，就当是给你自己的一个提前的挑战吧，这对于你未来来说是很重要的一项能力。

上次和你谈话时，听到你的一些对自己未来的规划，我觉得都很不错，如果你有什么想法也可以和王老师（注：我出国进修期间的代理辅导员）交流，也可以从她那里得到些好的建议。另外，希望你能够协助王老师把班级建设好，处理好各种事务性工作，开展一些形式新颖的活动来加强班级的凝聚力建设。比如作为少数民族学生，你可以把你们民族的一些风俗和传统节日通过班会形式给大家介绍分享，让同学们更加了解中国不同民族的文化。

最后还要提醒你，作为外地生源，你要坚持英语学习，虽然你的英语笔试成绩还不错，但是还是需要加强口语能力的训练，将来会有很多机会需要使用。

不知道这学期你是否还是担任樊老师的助理，樊老师是个做事很有条理的人，希望你可以从她身上学到很多。

祝你：

一切好！

静姐

2011 年 9 月 11 日

From：晓梦

To：黄静

RE：RE：静姐你好吗？

Date：12 Sep. 2011 17:31:05

黄老师：

谢谢您的提点，昨天以为你很忙，会没时间回呢，呵呵，收到信开心呢！我现在还在担任樊老师的副辅，做了一个学期了，感觉事情虽然比较琐碎，但是正如黄老师所说，任何看似平凡的小事中如果用心去做也能学到许多东西！也希望黄老师在那边一切顺利！忙就不用回啦！

晓梦

From：晓梦

To：黄静

Subject：静姐见信佳！

Date：Tue.，11 Oct. 2011 20:47:21

黄老师：

嗨！呵呵，最近过得怎么样，生活是不是还是很忙碌呀。不知不觉你都已经出国快一个月了，说实在的，挺想你的。每次去辅办的时候都见不到你，心里挺失落的。

下面向您汇报下最近的工作吧，这学期感觉没有大一那么累了，可能是因为习惯了，而且比以前成熟了，做事比以往有效率了。这学期参加了学校的 JA 志愿者，可是有点纠结，因为每周都要去市区，坐地铁单程要一个多小时，感觉时间有点太长。最近参加了学校的团体操比赛、松江大学园区的运动会仪仗队。虽然都是些琐碎的事情，但很有意义，而且也能学到许多东西！另外，我还报了雅思培训班，准备冲刺下以后的交流生项目。

黄老师在那边的生活肯定很忙碌吧，不仅要适应不同环境，可能还会遇到更大的挑战，不过相信一切都难不住我们的黄老师的！从菲姐那知道，黄老师一直都关心着学校的事情，也为我操了不少心。辛苦黄老师了！

现在是晚上 8:40，我正在图书馆里啃书咯，黄老师那边应该是下午。我继续啃书了。

祝好！

晓梦

From：黄静

To：晓梦

RE：静姐见信佳！

晓梦：

你好！很高兴收到你的来信，我最近也比较忙碌，在英国的生活基本已经适应了，最近在准备换部门研修学习，收获也挺大的，你可以关注一下我博客里的《英伦日志》，里面会记录了我在英国的学习生活工作，还有遇到的很多趣事。

看到你能够适应忙碌的工作节奏，我很开心，说明你的能力已经有了很大的提升，能够胜任这些工作啦。在参与这些活动和实践的过程中，你要合理安排时间。比如，地铁上你可以看看书，把琐碎的时间利用起来就不会觉得坐地铁很漫长了。另外，你同时参加这么多活动，还要学雅思，那你要千万注意身体，按时吃饭，注意劳逸结合，希望我回国的时候，可以看到长胖一点的你。

祝好！

静姐

第八章

微世界里的对话

思想政治教育的过程，是辅导员与学生共同参与、相互成长的过程。在这个快餐文化的时代，短小精悍的信息传递模式大行其道，在这个空间里，短信、微博、微信等媒介承载着信息分享沟通传播的主要功能。虽然只有只言片语、寥寥数行，但总能不时地跳入眼帘，直击心灵。对我而言，无论哪一季，都是收获的季节，因为在这个“微世界”里我总是不停地收获着学生沉甸甸的爱，收获着对这份职业的价值认同。本章以时间为界选取了三个让我印象深刻的节点(迎新时、病重时、毕业时)，将我与学生之间的对话部分呈现，以纪念那些我们一起走过的或辉煌，或艰难，或幸福的日子。

第一节　迎新ING，我说勇敢去追

亲爱的大一新生：

当你在感受向往已久的象牙塔生活时，兴奋、新鲜的同时或许有美好憧憬，或许还有丝丝渺茫，心里会不止一次地在嘀咕：大学到底是什么样子？下面我从学习、生活、心理、社交几个方面简要谈谈作为大一新生的你，需要面对的是什么。

1. 学习篇

大学里面有棵树，叫高数，很多人挂在上面过。

在大学，关键在于自学。大学上课，老师只是提纲挈领，没有模拟试题，没有重复的讲解，知识的掌握需要靠自己。不要抱怨进度太快、内容太多、作业太难，大学学习是方法的比拼，高中的方法已经淘汰了。

在大学，高数基础课一定要学好，因其学分高、学时长、关联大，会对以后的学习产生影响。

在大学，课堂是开放的。学会前排占位，会让老师给你一个好的印象分；学会蹭课，你会发现花一份学费学几份知识。

在大学，“绩点”非常重要，不要相信六十分万岁的谎言。无论你的打算是考研、出国，还是找工作就业，一张漂亮的大学成绩单会让你的竞争力加分不少。

在大学，课程表是不会排满的，你要做的就是用心将它填满。学会利用课余时间可以让你的大学充实而精彩。自习的好习惯不要丢，图书馆、实验室都是摄取信息的好地方。也别忘了校园讲座，它会为你开阔视野、优化知识结构。

2. 生活篇

宿舍是个家，温馨靠大家。

在大学，离开父母悉心照料，独立生活从此开始。你要学会料理床铺、收拾房间、缝补衣服……曾经渴望摆脱束缚的你是否已经做好准备？寝室卫生干净整洁的宿舍环境需要依赖每个成员的努力。

在大学，寝室是你第二个家。在这个家里，你会学到如何适应复杂的人际关系，学会团队协作精神，正是有了这个家，给了你培养完整人格的机会。

在大学，宿舍成员来自五湖四海，四年的集体生活会将你们紧密相连，你要学会包容、谦让、互助。平时的点滴小事是对每个大学生待人处世、品德修养的检验。

在大学，你要合理安排作息，不要挡不住网络诱惑而过着黑白颠倒的生活。要学会上网，也要学会不上网。网络可以让你学习生活便利，但沉迷其中也可以让你大学前所有的努力付之一炬。

在大学，你的生活费由你自己支配，你要学会制订消费计划，量入为出。这是大学给你上的一堂理财课。花钱时想想父母，经常给家里打个电话，即便他们说不想你。

3. 心理篇

青春的错误都是美丽的，因为那是属于青春的。

在大学，曾经是在呵护关怀下成长起来的你，如今无法再体会到集万千宠爱于一身的荣耀，曾经是风云人物的你，原来的踌躇满志彻底消失，你要做的是重新定位，坚持理想，自信地面对环境的变化，如果你是正确的，那么你的世界就是正确的。

在大学，你要学会融入新的环境，增加对新环境的归属感、认同感。抱怨学校、抱怨专业不能解决任何问题。你要学会调适心态，融入一个新的集体，结识新的朋友，去感受集体带来的温暖，去与挚友分享喜怒哀乐。

在大学，特立独行并不是个性的彰显，如果你的个性让别人对你敬而远之，那么你的个性就是失败的，因为个性的成功在于吸引，而不是排斥。

4. 社交篇

人生重要的不是所站的位置，而是所朝的方向。

在大学，不要炫耀你曾经的辉煌，没有人关心你高中毕业于什么名校，高考分数多少，你要学会低调谦虚，这样会赢得更多朋友。要知道在这里，身怀绝技的大有人在。

在大学，做好第一次自我介绍，树立良好第一印象，尽快认识班级同学，也尽快让班级同学认识你。

在大学，招新时你会发现能力锻炼的平台让人眼花缭乱，你要做的是选择性的参与，珍惜每次发挥才干的机会。

在大学，交友圈子大一些。室友、同学、球友、书友、学长……你大学的朋友都可能是你将来事业的一部分，他们去帮助你，但你也应该让自己有帮助他们的实力，所以你要努力。

大学不是枯燥的学习考试，不是忙碌的兼职打工，不是深夜的卧谈，也不是青涩的爱情，它应该是能提供给你一种精神资源，这种资源能够帮助你应付各种环境和挑战，并在这一过程中发展你的人格和才智，而不是被环境所奴役。大一只是一个开始，以后的四年或者更长，你必须学会独立面对人生。你可以憧憬未来的大学生活是多么丰富多彩、你的人生舞台是多么华丽辉煌，前提是：你必须合格地升上大二！

现在就请你怀着一种虔诚、热情而敏锐的心灵走进这象牙塔吧，去全神贯注地追寻你的理想！

第二节　病重 ING，你说让爱相随

黄老师，现在好点了么？我们都很担心你呀！每次路过办公室，总想早点见到你回来。一定要好好养身体，祝你早日康复！

——孙文莲

黄老师，对不起，在你生病的前一天我大概九点钟回到学校，当时路过你办公室时看到灯还亮着，但是由于我和其他同学正赶着去吃夜宵就没去和你打个招呼，结果周三晚上看到你时，你蜷缩在病床上，被白色淹没，我觉得好自责。如果我当天告诉你我回学校了，起码你在疼痛难忍的时候就可以给我打电话，我就可以帮上忙了……

——戴雯婷

黄老师，你怎么可以就生病了呢？！想我当初献血的时候，你可叮嘱我要好好休息，保证身体健康的。现在我要对你说同样的话了哟！加油，Fighting！我们等你回来。

——王硕

大静子啊，你只管好好养着，甭担心我们，要吃什么用什么玩什么甭客气，咱谁跟谁啊，一条短信我们立马儿给你捎过来。虽然不想承认，但没了你，咱大伙儿的确缺了点啥，你养着吧，马上放大假啦！

——冯云川

黄老师，学校里我们一切都好，虽然已经接近期末了，但一切都井井有条，国贸的同学都很乖的，都在很自觉地复习迎考呢，你放心吧。静待你的回归。

——周俊佳

黄老师，你怎么能病呢？我还以为你不要我们了呢。你刚开好刀，要多喝点鸽子汤，因为我妈妈最近也开过刀，我对照顾病人还是有点了解的。你要乖

乖地休息哦。

——陈俊如

黄老师，你管着全国贸 200 多号人的确辛苦，但是什么都比不上身体健康重要啊。所以我斗胆向你介绍养生之道：该吃饭吃饭，该睡觉要睡觉，千万不能加班加得废寝忘食哦。身体才是革命的本钱。祝你早日康复！

——孙默

黄老师，没有你我们都很寂寞啊，我们都眼巴巴盼着你回来呢。以后有什么粗活累活都交给我们吧，我们绝不会让你再累病了。所以，你快回来吧！

——石晨玥

第三节　毕业 ING，我们说收获人生

黄老师，昨晚晚会唱完歌，回忆四年思绪太多，第一次在你面前号啕大哭，现在都记不得抱着你说了什么了，让你见笑了。真的感谢你四年里帮助、关心我的成长，给我很多机会，给我很多指导，祝今后工作顺利！爱你，姐姐！

——陈学良

亲爱的静姐姐，感谢您四年的关心与陪伴，如今我们即将展翅翱翔，我们会带着这四年美丽的回忆与您的悉心教导闯出自己的一片天空。

——贾贝贝

时间过得真快，第一次在辅办开会的情景仿佛还在眼前。四年来，你与我们一起成长，也见证了我们的蜕变，我想这对我们来说都是一段珍贵的回忆。祝静姐姐工作顺利，宝宝快乐成长。

——张炜昉

感谢姐姐四年前给我机会做了副辅，锻炼了自己，也让拉近了我和你的距离，你对我们四年的点滴照顾我都记在心里。离别之际，祝愿亲爱的你家庭幸福。

——沈莹

感谢静姐姐，我们一起度过了大学四年这段闪亮的日子。四年来，您给予我们多方面的照顾。工作上，对我们悉心的指导，生活上随时提供帮助，为我们解决后顾之忧，各项活动中给予我们充分的支持和肯定，这些我们都看在眼里，记在心上。您为我们的成长和进步付出太多太多，您是我们的知心姐姐，永远向我们展现最灿烂的笑容！我们将永远铭记这段时光，感谢您的教导，祝您身体健康，工作顺利！生活美满，家庭幸福！

——张秋蕴

静姐，大一初识，已有四年。感谢你四年来默默的付出，没有你，就没有我们这四年快乐的大学生涯！我们获奖，你比我们还高兴；我们失落，你比我们还伤心！是你，陪伴我们走过这四年，一起奋斗、一起努力、一起欢笑、一起哭泣。你一直说我们是你的骄傲，我们一定会加倍做到！谢谢你，静姐！不管未来怎样，你永远是我们的静姐姐！

——包博兢

四年大学生活悄然过去，虽然我们各奔东西，但我们的辅导员还是我们永远的静姐姐，不论将来身处何方，我永远会记得那个在我困惑时指引我的人，你温暖的话语一直在我心里。希望你能永远幸福，继续把这份温暖传递给更多的学弟学妹们。

——邵艳红

第三部分 研究篇

学习·思考·科研

开 篇 语

辅导员在职业化、专业化、专家型的发展道路上离不开理论学习、离不开问题思考、离不开实践探索。树立问题意识，拓宽工作视野是辅导员成长和发展的要求，努力提升职业素养和职业能力，是辅导员工作有效开展的根本需要。辅导员要把握思想政治教育规律和大学生成长规律，用世界眼光、中国情怀、时代特征的思想维度去推动思想政治教育创新发展；用守土有责、守土尽责的态度投入到固本铸魂事业中。处在大学生思想政治教育工作第一线的辅导员有必要在思想政治教育实践之中尊重和发掘理论内涵，创造性地吸收理论成果，关注前沿问题，研究学生主体需要，努力成为懂理论的实践者和会实践的引路人。

第九章

用世界眼光看大学生就业力开发

大学生就业能力开发是提升人才培养质量的重要途径之一。本章以英国学者对就业力研究作为切入点，分析了英国高校在大学生就业力开发方面积累的经验，同时结合自己在英国中央兰开夏大学研修学习的经历和在上海对外经贸大学多年的职业生涯辅导经历，将所见、所闻、所思、所做汇集于笔端。这一过程中，我深刻感受到了新时期大学生思想政治教育工作中国际视野的重要性。用世界眼光去了解和观察最新研究动态和实践运用，积极吸纳可为我所用的先进成果，结合本国大学生特点，探索适合中国高校人才培养特色的教育理念和模式是每个教育者需要的视野和情怀。

第一节　视角：大学生就业力开发的途径探索

就业力这一概念最早出现在 20 世纪的英国，英国著名的研究就业能力的学者 Lee Harvey 认为就业力不是一种结果，而是一种终身学习的能力和过程。我认为“就业力”不等同于“就业能力”，它的内涵应该更为广泛。从静态角度，它是一种工作要求的各种能力的综合体，包括沟通协调力、团队协作力、信息分析力等；从动态角度，它是将所受高等教育转化为工作能力的一种过程，它包括成就驱动产生、自我效能激发、心理调适、自信塑造等，而且后者比前者更为重要。由此可见，就业力的培育不是学习到了什么而是经历了什么；不是知识技能的传授而是成长需求的激发，不是施教者的主观判定而是受教者的自我反思。

一、国外就业力开发的研究情况

英国在就业力开发领域积累了丰富的研究成果。英国很多学者在深入研究就业力的基础上建构了开发模型。Fugate 认为，就业力是识别工作并获取工作的能力，因此他提出了一种嵌入个人特性的心理社会建构（psycho-social construct）模型。该模型包括了三个独立而相互关联的维度：个体适应性、职业识别、社会与人力资本。该模型强调一个人的职业生涯意识（职业生涯识别）和个体积极性在职业发展中的作用。他指出在职业中如果保持积极适应性，将会有利于发展更高的就业力。彼得·奈特（Peter Knight）和曼兹·约克（Mantz Yorke）在 2003 年将就业能力结构分为个人特质、核心技能和过程技能，2004 年形成了就业力研究领域著名的 USEM 模型，该模型将就业力划分为四个维度：对专业知识的理解力（understanding）、关键技能（skill）、自我效能感（efficacy beliefs）和元认知（meta-cognition）。该模型提出的这四个要素是一个相互联系的整体，之间存在着内相关性并且能相互发生作用。根据此模型，大学生要想提高自己的就业力，就必须提高对学科专业知识的理解力、职业所需的专业技能和通用技能以及元认知（自我反思）能力。同时，大学生还要积极修炼自己的个人品质，增强自我效能，因为自我效能感直接影响其他三个方面能力的发展。

但是在高校的实践应用中，以上两种模型的学术性太强，不容易向非专业人士解释，于是洛林·普尔（Lorraine Dacre Pool）和彼得·斯韦尔（Peter Sewell）在对就业力结构的关键因素进行研究后，提出了一个简明实用的 Career-EDGE 模型。该模型认为就业力的主要构成因子除了已有研究成果中所包括的职业相关知识、专业理解力、通用技能外，还应包括情商和工作实践经验，并且该模型还表明了各要素之间的相互作用。该模型让就业力的分析变得立体化，不仅从就业力结构组成进行了阐释，同时也清楚地演示了就业力的形成过程。

二、就业力开发 Career EDGE 模型的内容

（一）就业力的构成要素

洛林·普尔和彼得·斯韦尔为了克服以往模型中难以操作和晦涩难懂的缺

点，提出了一个简单实用的 Career EDGE 就业能力模型。他们认为就业力构成要素包括职业发展学习、工作与生活经历、专业知识技能、通用技能、情商五个方面，它们组成了就业力开发的第一层级。通过职业发展学习，学生将变得更加具有自我意识，能够更加充分认知自己的职业兴趣。比如，学习如何更好地研究就业市场，分析可能获得的机会有哪些，如何在潜在的雇主面前表现自我，如何进行职业选择等。该模型中的工作与生活经历，传递给学生的是任何阶段的学生都可以从经验中进行学习，从而提升自己的就业力。雇主们看重那些具有一定实践经验的学生，因为可以从以往的经验中折射出他们所掌握的东西。因此，学校需要加强与雇主的合作，提高学生积累的工作经验的数量和质量。专业知识技能，主要指应用学科知识的理解力、专业背景等。虽然市场上有些职业并没有对从业者的学科背景做出严格的限制，但是研究表明仍然有相当多的雇主在衡量一名毕业生优秀与否时，很大程度上依赖于学生在校期间的成绩等级和能否顺利完成学位。而在以前的模型中，研究者也都将学科专业知识作为就业力的重要组成部分之一。通用技能，有时也被称为关键技能，是指可以对任何学科背景的人起到支撑作用的技能，并且它可以被迁移到各种环境中（无论是在学校还是在职场）并加以应用。英国就业力教育机构曾在 2004 年就列举了在过去 25 年雇主们最青睐的通用技能，如创造力、抗压能力、独立性、适应性等。情商是指人在情绪、情感、意志、耐受挫折等方面的品质，可以通过推理、感知、控制情绪，了解情绪情感知识等途径去提高。它与一个人的成就呈正向相关。研究表明，拥有更高水平的情商的人会比一般人获得更多的自我激励。他们也能享受更多的成功，并能够构筑起更加强大的人际关系网络，更健康地享受生活。洛林·普尔和彼得·斯韦尔认为高校应该在这一层级提供给学生接触这些要素的机会，并且创造平台帮助学生发展这些要素。比如，可以通过志愿者或者兼职岗位的提供，丰富学生的工作经历；可以通过完善课程设置，将就业力基础要素内容植入到教学体系中，供学生选修学习；可以通过组织各类活动，提升学生的情商。

同时，这些要素之间存在着重叠区域，实际上这也是现实的一种客观呈现。比如工作经验积累实际上也是生涯发展学习中非常有价值的一部分，与此同时，它也有可能在一些特定的情况下又转化为对专业课程知识的理解和掌握。就好像学生在与自己专业相关领域进行工作或实习之后，一方面丰富了自己的经验和阅历；另一方面也了解了劳动力市场上该职业的基本情况和岗位需求，并同时对自己所学的专业知识加深了理解和吸收。

（二）就业力的形成机理

洛林·普尔和彼得·斯韦尔认为，为学生提供获得技能、知识、经验的机会固然重要，但同时也应该重视对于已经发生的事情进行评估与反思。评估和反思构成了第二层级。个人发展计划（Personal Development Plan，PDP）是一种对过去已做事情进行自我反思和评估的有效工具。第一，它能够帮助学生计划、记录、反映他们的经验，这可以帮助学生发展他们的就业技能和自我意识；第二，PDP 能够帮助学生了解他们的通用技能如何应用到新的环境中。第三，它可以帮助他们在高度自我认知的基础上做出符合现实的、合理的职业计划；第四，PDP 可以给雇主展示学生的就业潜力和他们管理自我未来的能力。因此，可以看到反思与评估是促进更高层级的自我效能感、自尊、自信发展的必要环节。该模型中第三层级是由三个要素，即自我效能（self-efficacy）、自尊（self-esteem）、自信（self-confidence）构成了稳固的三角形，一旦缺少其中任何一个要素，就会大大影响就业力的形成。自我效能感是指人们对自身能否利用所拥有的技能去完成某项工作行为的自信程度，它会影响一个人如何思考、感受、激励自己的行为。因此，自信可以看成是自我效能投射到外部世界的方式，自我效能的增加也会带来自信的增加。自尊是个人基于自我评价产生和形成的一种自重、自爱、自我尊重，并要求受到他人、集体和社会尊重的情感体验，一个人的成就水平受到他对自己看法的影响。自我效能感主要来源于三个方面：第一，经验掌握。经验掌握主要是发生在人们有机会去尝试一项特定的任务，比如，学生组队参加学校项目赛，那么学生可以亲身体会到如何进行项目策划、分析，如何开展团队合作，如何进行项目演示等。掌握经验是获得效能感最有效的途径。第二，替代性经验。在学生看到别人获得成功，从别人身上学习到的经验。而且越是关系密切的人，这种成功的经验带来的效能感就越强烈。比如，邀请成功校友召开经验分享会。第三，社会劝说。发生在学生被劝说要想获得某种能力，就需要参加某种特定类型的活动。这里生涯导师的作用就非常关键，需要给学生持续的鼓励，并适时地给予回应和反馈。大学生要想开发自己的就业能力，必须加强对职业发展学习、工作和生活经历、专业知识技能、通用技能、情商这五方面的要素的提升，并对这些经验进行不断地反思和评估，从而促进更高层次的自我效能感、自尊心、自信心的发展，这才是就业力开发的关键，才能够帮助学生在选择就业和保障就业的过程中获得满足和成功。

（三）就业力开发模型的现实价值

首先，该模型提供了一个完整的就业力结构框架，从专业技能到素质经验、从依赖机会到独立反思、从外在压力到内在动力，这都告诉我们在进行就业力研究时什么是需要充分考虑的要素。其次，这个模型相比以前的模型更加容易解读。它没有晦涩难懂的复杂术语，可以让任何参与大学生就业力开发的相关者去使用。当前不仅专家、学者，还包括大学生、家长、社会都对就业力给予了极大的关注。如果一个模型能够简单易懂，那么它将具有更为广泛受众群体。再次，这个模型也是一种能够迁移知识的价值工具。因为它也可以展示给雇主，雇主可以从模型中清晰地看到，雇主和学校双方在学生就业力开发中各自可以做出努力的方向以及实现双赢的可能。最后，这个模型在一个人的职业生涯过程中可以被反复使用，以确保其能够在这个社会的变化中符合就业的适应性要求，并更多地获得满足感和成功。因此，可以看到该模型不仅仅适用于在校大学生和毕业生，同时也适用于任何职业生涯阶段的人。

三、就业力开发模型的应用及启示

（一）关注要素重叠区域，开展课程植入设计

2004 年，Knight 和 Yorke 就提出高校应该将就业能力嵌入到大学课程的教学过程中。在课程模块设计、教学过程设计时应该充分实施职业情境的教学与学习。Career EDGE 模型中充分呈现了专业知识技能的学习与理解也存在着与

其他要素重叠的区域。利用该模型来设计就业课程，并植入教学体系，符合课程设置的科学性、规范性原则。雷丁大学职业管理技能学习项目（CMS）将发现自我、合理定位、应聘技能作为学位课程的一部分，使学生学科知识的学习与就业意识、就业技能的培养实现了融合。谢菲尔德哈勒姆大学以就业力框架为基础，建立了专门的评估机构来保障就业力的课程植入，他们将一系列就业力提升的教学大纲特征植入所有专业，继而实现专业知识与职业技能的融合、转化与转移。中央兰开夏大学在课程设计时增强了实用性，更加符合市场的需求，在课程中内容上包含了政策法规指导、行业动态、求职技巧，同时也加入融合多种学习教学方法，通过情景模拟、小组讨论、网络授课等互动教学实践环节，帮助学生了解自我的职业性向、心态调适，提高了课程的生动性和有效性。

我国应尽快设立就业力课程教研室，将就业相关教学要纳入学校课程体系中。在保留传统的就业政策指导、人生观职业观的树立等课程时，更要突出认知指导、通用技能指导、行业分析、心理调适等课程。在教学方法上要积极探索改革，借鉴国外教学的新模式，将现场教学与新媒体相结合帮助学生搭建自我学习和教育的新平台，通过采取多样化丰富就业力开发课程的表现形式，提高教学效果。

（二）稳固基础层级建设，拓宽资源整合平台

如前文所述，该模型认为最低层级的五个要素能力提升是开发就业力的重要基础，高校应该在最低层级上提供给学生接触这五类要素的机会，并且创造平台帮助学生发展这些要素，这就对学校的资源整合和利用能力提出了要求。事实上，学校如果要给予学生更多、更广泛的机会，就必须对各方资源进行整合，这包括整合学校内外部资源，整合社区、家长、行业协会、雇主资源等，要让资源无边界化。比如，英国西北部八所大学为了促进和分享欧洲部分高校在就业指导方面的实践和经验，以及研判各地区在大学生就业能力发展和市场需求变化的趋势，与欧洲社会基金会共同发起了 GES 项目，该项目不仅限于师资共享，还应用于课程项目共建，雇主信息共用，学分互认转换等。又如，英国里丁大学会通过组织学生参加雇主的商业和研发计划，提高雇主对毕业生的

价值体验，从而将外部资源优化配置。哈德斯菲尔德大学设立雇主战略日，这一天学校高层管理人员可以与雇主直面沟通，加强交流。

我国高校可以加强高校间在就业研究领域的科研项目合作，共同开发就业相关模块课程，也可以加大与雇主的合作力度，创造机会让部分教师到企业人力资源部门短期研修学习，或是邀请雇主参与课程体系的设计或兼职教学来培育大学生的就业能力。

（三）创新激励评价机制，促进自我效能提升

中央兰开夏大学以 Career EDGE 模型为指导，将模型中的要素更加具体化，设计了 Awards 计划。该计划通过设立生活技能、职业知识、创业教育、职业准备、志愿者工作、领导力培育、国际化技能、未来行动规划八个模块，鼓励学生选择研修，并获得相应的奖章，由此来激发学生的自我效能感。在争取奖章的过程中，学生参与各种不同的实践活动，会接受到来自优秀朋辈、校友、潜在雇主的指导，这一过程也是学生去反思学习每个模块意义的过程，一个激发内在成就动机的过程。与之类似，英国东伦敦大学的 RDBS 精英计划通过导生项目、在线辅导、志愿者项目来帮助学生认识到自己的个人属性和天赋，不断开发自我潜能。

我国对学生就业力的评价理念应该从结果导向转化为过程导向，评价阶段应从以往的毕业阶段转变为整个大学阶段，评价标准应从单一的指标数据转化为梯度化的范围，评价结果应从中立陈述转变为正向激励，这样就能在整个就业力开发过程中不断激发自我效能感。

（四）加强过程反馈支持，完善发展档案管理

个人发展规划是对 Career EDGE 模型中提到的反思与评估进行运用的有效工具。英国高等教育质量保障机构（QAA）提倡各高校应为大学生建立个人发展规划，明确提出毕业生必须具有个人发展规划和成长记录档案，以帮助大学生不断认识自我。个人发展档案通过引导学生表达自己的个人目标和有效地评估自己已有的成就，来拓宽学生的学习领域，改善自我的职业规划技能，成为更加有

效、独立、自信的学习者。例如，中央兰开夏大学的学生就业能力发展档案，就针对职业、经验、专业、共通能力、情商五个方面设计具体问题，让学生自我评价找出优势，并通过列举实例加以证明，同时针对薄弱环节撰写行动计划。

未来对于个人生涯档案的内容设计上应运用科学的方法和手段引导学生进行自我评估，在过程上要加强动态化管理，让学生能够及时诊断自己的目标与现实的差距，在评价上要引入教师、家长、同学、实习雇主的建议，来促使学生多维度地认识自己，以便对自己职业目标进行修正和调整。同时，要加强系统开发和网络支持，为学生可以及时提取和使用个人发展规划档案提供技术支持，帮助学生实现自我管理、自我教育、自我发展的目标。

第二节　借鉴：英国中央兰开夏大学就业力培育的经验

英国中央兰开夏大学（University of Central Lancashire，UCLan）是一所综合性公立大学，目前在校生近 3.6 万人，有来自 150 多个国家和地区的 3000 多位国际学生。它的学生支持与服务品质被英国政府认为是全英最佳之一，曾获“泰晤士报杰出学生支持”奖。我在 2011 年参加了 UCLan 与上海对外经贸大学的学生工作合作项目“辅导员海外研修计划”，在 UCLan 学习生活了 4 个月，也对该校的学生就业力培养有了深刻的认识。UCLan 主要负责学生就业力培育的部门是“Futures”，这个名字即说明了该机构的宗旨是关注学生的未来发展，而不仅仅是学生是否能找到一份工作。该校着力于对学生尤其是国际学生提供一流的职业发展指导，学生与雇主满意度均名列前茅。

一、就业力培育体系的平台建设

（一）引导：开发咨询测评平台，激发自我成长动机

UCLan 推出的职业生涯工具包（Career Toolkit）和职业辅导工作坊（Workshop）引导学生遇到问题可以运用科学的手段和方法，有效地完成自助或他助的咨询，实现客观认识自我、认知职业、了解环境的目的，进一步提升学生自

我成长动力。

职业生涯工具包通过在线提供给学生各类与职业生涯相关的测评工具，帮助学生实现对自我和就业环境的客观认知。学生可以运用工具包进行就业力的“自我探索”，通过浏览测评报告，明确自我的兴趣和职业倾向；通过在线填写就业力要素调查问卷，进行职业能力自我评价分析。通过简历分析模板和向导工具，置身于模拟面试环境。工具包将大学期间所需要的各类就业力提升工具进行整合，其中的信息不但可以通过网络在线查询，也可以自助下载，学生可以自主取用和选择使用包内的工具，这极大地激发了学生的自主管理意识。

职业辅导工作坊帮助学生对职业进行科学理解。Futures 每学期会列出菜单式辅导课程，学生可以自主报名参加。课程采取小班教学，紧跟市场需求。此外，针对个体需求，学生可以预约 Futures 里的职业咨询师给予一对一的咨询辅导。这些咨询师通常都有在某个行业就业的经历，了解最新发展的趋势，同学们可以根据自己感兴趣的行业来选择合适的咨询师。咨询师将和学生讨论的结果记录在就业网站数据库上，以便下次咨询时，咨询师能方便调出以往的记录，更好地了解这位学生的特点。

（二）服务：优化信息承载平台，提升个体交互体验

UCLan 在信息发布、传递、共享过程中，注重信息发布者与接受者之间的情感交流，运用形式多样的人机界面和丰富鲜艳的纸媒传播为学生提供全方位的信息服务。

UCLan 通过不断完善的交互设计，在 UCLan 的官方网站上可以很便捷地找到 Futures 的网页链接，并针对不同的人群，如学生、雇主、校友提供了不同的信息服务板块。里面涉及招聘信息发布、法规制度、职业测试、网上指导、网上招聘等部分，形成了完善、功能齐全的就业信息网络。此外，网站还具有强大的信息查询、搜索、推送功能。只要学生注册了账号，并订阅了信息，系统就会自动定期将最新招聘信息、就业讲座信息发到学生的邮箱和手机上。此外，在网站上还提供有高质量的精彩就业指导课程和活动的音频视频，以便没参加活动的学生在线学习。

此外，UCLan 通过强化视觉冲击，不断创新媒介服务的情感体验。只要进入 Futures，都会被大量色彩丰富、设计动感、形状新颖的图书资料、报纸杂志、宣传单页、课程手册所吸引。他们定期编辑就业活动信息和就业指导刊物，摆放到学校的公共场所免费供学生自由翻阅。在这里，还设置有专门的图书室，收藏了大量关于行业和雇主的资料、出版了各类优秀校友的生涯感悟汇编，分类清晰，查询方便。各种纸媒注重塑造 Futures 的品牌形象，将学校对学生成长关注的情感充沛融入于流动的信息之中。整个传播网络系统化地与融合了学生的需求点、利益点和情感支持点。

（三）支持：夯实资源支撑平台，延展育人环境边界

UClan 除了提升校内资源的利用率以外，还重视对校友资源、企业资源等外部资源的引入和充分整合。以帮助学校实现教学平台、实践平台、研究平台、育人平台的延伸。第一，利用校友资源了解雇主信息。在 UCLan 网站中，有一个庞大的数据库，全面记录了校友信息，这为在校生和校友之间搭建起了沟通的桥梁。很多毕业生在得到了校友的帮助后，也会在他们毕业的时候主动将自己的相关信息录入在这个系统中，以帮助后面的毕业生，形成了优秀校友资源的回流与共享的良性循环。第二，与雇主展开项目合作与开发。UCLan 建立“校外生涯导师”制度，邀请企业人士担任导师，直接承担在校生的实践实习指导，并将实习指导与员工的选聘相结合，实现了校企双方共赢。学校会组织学生参加雇主们的前沿课题的研发计划，提高雇主对毕业生的价值体验。再则，在就业力课程模块设计中，采取了学校、社会和雇主多方参与的合作机制，让更多的雇主可以设计课程体系，充分保证了大学生职业生涯教育理论与实践的高度统一。UCLan 每年都要展开雇主调查，了解雇主评价及建议，同时及时反馈到各个学院，来指导课程设置和教学环节的改革。

二、UCLan 就业力培育体系的机制分析

（一）课程植入机制——Career EDGE

UCLan 的课程设置以 Career EDGE 模型为指导思想，分别针对模型中提

到就业力五个组成要素即职业发展学习、工作与生活经历、专业知识技能、通用技能、情商设计课程系列，同时注重课程之间的衔接和交互关系。学生在选择课程时需要事先进行五要素的自我评测，帮助他们在客观评价自我的基础上进行课程选择。UCLan 通过课程设置和考核让学生和教师可以反思和评估这五方面的经验水平，从而发展学生高水平的第二层级——自我效能感、自信、自尊。这三个关键环节对就业力的培育起到至关重要的作用。第一，该模型具有开放性，它将学生就业力提升的主体范围进行了拓展，让讲师、个人导师、职业顾问或其他人的参与其中。第二，该模型将课程内容分为五大类，使课程更具系统化。第三，该模型通过两个层次的划分，让学生明白需要完成从专业知识到素质技能、从依赖型学习到独立型学习、从外在压力到内在动力三个方面的转化。第四，该模型创新了教学方式，强调反思与评估的作用，鼓励学生在不同的环境中回顾技能和知识，以实现灵活运用和内化的目的。

（二）自主评价机制——Prospects Planner

通过鼓励学生利用英国高校官方就业网站（www.prospects.ac.uk）进行在线职业测评。通过在线回答问卷，学生既可以看到自己技能因子中哪些比较擅长/薄弱，也可以看到自己的兴趣和动机主要集中在哪些领域。系统会针对学生的个体差异生成匹配报告并不断推荐较高匹配度的工作或岗位。此外，系统会将每个因子对于该类职业的匹配度进行了百分比分析，以论证这一结果。第一，自主测评的方式可以使学生自己掌握测评时间，防止测评时相互的影响和从众心理，提高了测评信度。第二，该网站的测评具有灵活性，学生可以根据心态、兴趣、经验的不断变化反复测评，以实现重新评估，提升了评估的科学性。第三，测评的结果具有参考性而非强制性，所有结果将以建议的方式出现。第四，UCLan 提供了系列的后续评估服务。学生如有需要可以将测评报告发送给 Futures 的职业顾问，顾问会和学生一起讨论报告并帮助学生制订生涯发展前景行动计划。第五，该系统传达的理念并不是让学生去提升所有类别的能力，而是帮助学生寻找最适合自己的发展方向。

（三）效能激励机制——Futures Awards

UCLan 为了激发学生的自我效能感设计了 Awards 计划。该计划通过设立生活技能、职业知识、创业教育、职业准备、志愿者工作、领导力培育、国际化技能、未来行动规划八个模块，鼓励学生选择研修，并获得相应的奖章，来实现对学生的就业潜力激励过程。学生可以从这八个模块中自愿选择修学 20～30 学分，课程完成后可以分别获得金、银、铜奖章。在争取奖章的过程中，学生需要经历在线学习、社会实践、校外实习、面试汇报等阶段，参与各种不同形式的活动，会接受到来自优秀朋辈、校友、潜在雇主的指导。学生在选择模块的时候需要考虑自己未来的发展方向。在争取奖章的过程中，该计划给予学生一个学习—反思—学习的通路，这是一个激发内在成就动机的过程。第一，帮助学生认识自己的个人属性和天赋，并提供给学生展示使用潜力的机会和平台。第二，通过参与模块实践，帮助学生了解不同模块的区别，逐步认识到每一种选择之后的职业机会发展所需要的能力素质。第三，学生在参与奖励计划过程中，开发了关键职业技能，实现了自己的价值体验，从心理上提升了自我效能感。

（四）校际合作机制——GES项目

GES 项目由欧洲社会资金会发起的，为中央兰开夏大学、曼彻斯特大学、博尔顿大学、切斯特大学等英国西北部八所大学提供资金支持，以帮助这些学校重构就业力课程和提升毕业生的就业技能。同时，该项目在促进和分享当前欧洲部分高校在就业指导方面的实践和经验的基础上，研判各地区在大学生就业能力发展和市场需求变化的趋势。该项目不仅限于师资共享，还应用于项目共建，雇主信息共用，学分互认转换等。该项目每年召开一次主题论坛，论坛主题视角新颖，紧扣市场热点。GES 项目为学生就业力培育体系的设计者和实施者提供了一个分享和交流的平台。尤其是主题论坛，形式多样，内容丰富。不仅有主题讲座还有分组讨论、案例分析等环节。在各校主题发言时不仅仅谈经验成果，更多地分析了共同面临困难和挑战。此外，项目具有全球眼光。主题论坛会邀请了法国和德国等欧洲其他国家的部分高校参加，同时也在论坛上讨论分析了亚洲就业市场。

三、对我国高校就业力培育模式的启示

（一）加快新媒体技术运用，提升信息服务品质

目前，我国大多数高校就业力培育的工作重心仍着眼于如何帮助学生找到第一份工作。在信息服务上，主要集中于岗位信息提供、宣讲信息发布；在信息处理上，主要集中于就业数据的收集和统计；在课程和讲座主题设计上，主要集中于简历撰写、面试准备等求职技巧的传授等。事实上“授人以鱼，不如授人以渔”，学生的就业力和成长力才是学生立足社会的关键。我国未来应该围绕以人为本的理念，深刻理解就业力概念的内涵和外延，加快生涯指导的信息化建设，把服务意识放在首位，结合时代特征运用新媒体技术，拓宽服务对象，提升服务品质。第一，要加强信息系统数据库建设。提升信息的承载内容，将单纯的招聘信息、宣讲通知等进行编辑再造，整合关键字，使之变成可搜索、可订制、可分享的信息节，帮助学生高效获取自己所需要的个性化信息，满足学生的个性化需求。第二，要建立多渠道、多形式的教育通路，将传统的就业指导模式与新媒体移动网络相结合。一方面通过团体辅导、竞赛、面谈咨询满足学生的需求，另一方面可以通过网络视频课程、网络自助测评等，为学生提供自我规划的平台与工具,学生可以利用碎片化时间进行自助学习和资料下载。第三，要从信息提供的单向传输模式转变为重视信息回流质量的循环模式，加强校友信息和雇主信息的收集和再利用，将关注视野从职业获得阶段延伸到职业发展阶段，为学生的学位后生涯发展提供服务。

（二）优化队伍层次结构，提升队伍专业水平

目前，我国高校担任学生就业力培育的主要是思想政治辅导员和学工系统人员，虽然他们敬业热忱但缺乏系统培训，他们的工作经历和生活背景较为单一，在教育过程中易于出现辅导视野狭窄，对市场和行业缺乏了解，咨询经验不足等问题，这直接影响给学生提供咨询辅导的有效性和科学性。因此，未来

我国高校应该积极整合学校、政府、社会企业资源，不断丰富队伍层次与结构，提升队伍专业化水平。首先，要提升队伍的专业化程度。高校对从事生涯指导的教师要加强专题培训，鼓励他们获取生涯指导专业资质认证，为个体的专业化发展提供支持。此外，创造机会让部分教师到企业人力资源部门进行短期挂职学习，为他们了解行业岗位要求和就业市场现状提供通路。同时，可以依托学校合作资源鼓励教师去国外高校相关部门开展调研，了解学习国外高校的先进理念和成熟做法。其次，要注重队伍层次的多样性，建立专兼职相结合的工作队伍，形成多元化的生涯导师团。高校可以将专业教师、心理咨询教师吸引到队伍中来，解决学生诸如学习深造或就业心理调适等方面遭遇的现实问题。高校也可以将生涯顾问、职业测评师、企业家、校友“请进来”，向学生传授最新的行业知识和技能、市场最新的人才需求现状。最后，要提升工作的科学性。高校要加大对就业力培育课题研究的投入力度，鼓励以问题为导向开展研究。尤其要抓住大学生就业市场上的热点问题，剖析高校开展就业力培育过程中的难点问题，把握学生择业求职中遭遇的痛点问题，及时总结凝练行之有效的实践成果，形成具有一定代表性的典型案例、调研报告、研究论文、教辅材料等，从而进一步指导工作，提升工作的科学性和有效性。

（三）规范课程统筹规划，注重课程内涵设计

目前，我国高校的就业教育课程设置有较大的随意性，缺乏系统的教学大纲和科学的实施教材，主题也较为分散，前后衔接不合理，造成学生课堂上似乎都能听懂，而现实中还是迷茫的现象层出不穷。因此，我国高校未来应该要注重就业指导课程的统筹规划，要在遵循了学生认知规律的基础上，提升课程规范性、系统性、实用性、生动性。第一，要注重规范性与差异性的统一。高校可以设立就业力课程研究教研室，将就业相关教学纳入学校整体课程体系中，避免课程被边缘化。同时，应鼓励采用模块法，由学校提供不同发展方向的模块菜单，学生可根据自己生涯发展需求选择不同的模块进行修读，这样一方面充分尊重了学生未来发展路径的差异性，减少了学生可能产生的择业趋同。另一方面也充分尊重了学生生涯规划能力的差异性，打破了大一统的教学模式。

第二，要注重理论性与实用性的兼容。课程中既应包含就业政策解读、求职技巧、职业素养等传统内容，也应增加职业性向测评、生涯认知、心态调适、创业孵化等突出现实性的内容。此外，还应包括引导学生拓宽视野，关注国情、社情、民情，将个人生涯发展与国家社会需求相结合的时代感内容。第三，要注重国际化与本土化的融合。教学方法上要积极借鉴国外教学的新模式、新方法，通过团体辅导、小组讨论等多维手段丰富课程的表现形式，提高教学效率。同时，也要设计创新具有中国特色的教学模式，通过将本土化的案例制作成光盘图册，将现场教学与新媒体相结合帮助学生搭建自我学习和教育的新平台，在这一平台上教师的核心功能可以从宣讲知识变为组织讨论、个别引导，从而实现翻转课堂，激发学生参与学习的热情。

（四）创新生涯评价方式，强化正向激励动能

目前，我国高校大多仍然是以结果作为导向，把就业率、初始薪水、岗位等级、雇主排名作为评价学生就业力的标准，这实际上忽视了学生个体的需求特征，在择业时，易造成学生对自我和职业出现认知偏差。因此，我国高校需要创新评价方式，丰富评价手段，强化正向激励，帮助学生端正职业态度，客观看待自我。第一，应推出差异化的评价方式。由于个体生涯发展方向的差异，所以评价的标准不能一概而论，工作重心不能再局限于指标组成和权重设置。学生不再仅仅通过考试来证明自己掌握了某项技能。高校应该把就业力评价融入到平时课程和职业实践当中，将面谈、笔试、参与度、反馈成果等纳入评价体系中来，对学生的就业力水平进行综合考量。第二，要强化正向激励机制。我国高校以往总是希望通过评价结果来告诉学生“你欠缺什么”或“你需要弥补什么”，让学生产生危机感。而事实上，随着社会对个人生涯发展路径多元化接纳度的提升，评价结果应该赋予学生更多的正能量，发挥正向激励的作用。未来我国高校可以通过评估，让学生了解“你拥有什么”“你擅长什么”，从而探索“自己适合什么”。正向激励可以鼓励学生发挥所长，增加学生产生内在成就动能，有利于建立教育者与受教育者之间的情感共鸣，激发其生涯探索的积极性。第三，要重视过程管理。高校要将学生的就业力评价从结果导向转向过

程导向。就业率固然能在一定程度上反映学校的人才培养效果，但是并不能完整、准确地反映学生生涯管理水平的变化、个体就业满意度、雇主满意度等，因此我国高校需要将评价阶段拉伸，使就业力评价覆盖到整个大学阶段，对学生的就业力发展进程进行动态评估，关注学生成长过程中能力素质的变化和进步。

（五）建立合作长效机制，整合多方育人资源

目前，我国很多高校呈现出多校区、集群化特征，不同学校的学生因为同处于一个相对集中的大学城内，因此在信息的获取方式上又具有一定的同源性，这就为高校间在促进学生就业方面的合作创造了机遇。此外，由于我国大部分高校对于就业数据的分析与研究能力还比较欠缺，但是当市场上出现专业化的数据分析机构时，这就为校企开展咨询合作提供了可能。因此，高校需要建立一个合力育人的机制来保障就业力培育的效果得以持续性、长效性。第一，加强区域内高校的合作。目前，随着越来越多的大学城、大学区的兴起，处在区域内的高校更应该加强相互的沟通，打破信息壁垒。比如，可以通过举行区域内的联合招聘会、跨校宣讲会等来分享信息资源，也可以通过跨校选修、学分互认来实现师资课程的共享，还可以通过联合与当地区域政府进行协商，为学生实习就业争取社会资源支持。第二，要主动与同专业类型高校合作。比如，财经类高校、外语类高校、政法类院校、工程类院校等。某类型的高校通常具有相似的学科设置特点，学生也具有相似的生涯发展方向，在培养目标和就业选择上通常也具有一定的趋同性。因此，这些高校可以通过合作举行专场招聘会、跨校专业学术竞赛、对相对集中的行业开展联合调研，主题论坛等活动，共同搭台为学生提供更加全面、更加具有针对性的培养。第三，与专业顾问咨询机构开展合作。高校不仅要对毕业生进行短期的就业状态和能力测量，还要对其长期职业中的表现、职业升迁路径进行跟踪监测。而目前我国高校在这方面的能力参差不齐，测量标准也频繁调整。因此，高校可以在提升自身数据水平的同时，加强与第三方数据咨询机构开展合作。通过合作可以帮助高校建立一套完整的、动态的就业数据库，为在校

生就业力培育和发展提供更为权威、科学的决策数据，有效提升学校人才培养质量。

第三节　实践："职业锚"视角下看上海对外经贸大学大学生职业生涯规划实践

近年来，大学毕业生就业困难的问题日益突出，在这样的新形势下，高校大学生就业指导工作面临着重大的挑战，我国许多高校在开展学生就业指导工作的过程中，已充分意识到加强学生职业生涯规划能力培养的重要性，因此开始引进西方职业发展理论，借鉴西方国家高校的经验，构筑全程式的职业规划。上海对外经贸大学在借鉴和运用"职业锚"理论开展大学生生涯指导实践的过程中，有效地提升了工作的科学性和专业性。

正如"职业锚"这一名词中"锚"的含义一样，"职业锚"实际上就是人们选择和发展自己的职业时所围绕的中心。"职业锚"是指依据自身的才干和能力、动机和需要、态度和价值观，现实地选择和准确地进行职业定位。它是个人自我观中的动机需要、价值观、能力相互作用和逐步整合的结果。美国著名职业生涯管理研究者沙因教授提出了五种基本类型的"职业锚"：技术或功能型、管理能力型、创造型、自主与独立型、安全型。他认为每个锚型的人都有自己的职业倾向性和特点。施恩还认为每个人都有适合自己的职业锚，每个人的职业选择只有定位在自己适合的"职业锚"上，才能发挥自己的才能，并取得与自己能力相称的业绩，从而获得满足感。

一、"职业锚"对大学生职业生涯规划的实践价值

（一）帮助学生准确进行自我定位

大学生进行自我分析、自我定位是开展职业生涯规划的首要环节，它决定着毕业生职业生涯的主要方向，也很大程度上影响着职业生涯规划的成败。职业生涯规划的第一步就是要进行准确的自我定位，即要弄清自己想要干什么，能干什么，自己的兴趣、才能、学识适合干什么？"职业锚"理论中对于个人

才能、动机需要、价值观等要素的强调为大学生如何自我定位提供了科学的理论依据，同时大学生也可以通过自我分析与可靠的量表工具的测量，评估自己的职业倾向、能力倾向和职业价值观。

（二）帮助学生认识职业生涯规划的动态性

一个人的“职业锚”是在不断发生着变化的，它实际上是一个不断探索过程所产生的动态结果。有些学生也许一直不知道自己的“职业锚”是什么，但他们在借助学校提供的各种平台进行实践探索的过程中，增强了技能、兴趣、实践经验，他们的自我评估会随之更加全面和准确，在做出某种重大职业选择的时候，就能逐渐认识到自己的“职业锚”是什么。同时，学生在实践中了解到当今社会处于激烈的变化中，他们的就业观念也需要发生相应的转变，职业生涯规划也应随之调整。所以环境的变化导致自我观念的变化，职业锚理论反映到职业生涯规划中，也让学生充分认识到不能一次性把终生职业生涯的每一个具体细节都确定下来，职业规划是一个长期并且动态的过程。

（三）帮助学生把握职业生涯教育的重点内容

从职业生涯发展过程来看，职业生涯发展一般会经历职业准备期、职业选择期、职业适应期、职业稳定期和职业结束期五个阶段。大学毕业生的职业生涯规划则主要覆盖在前三个阶段。职业锚理论可以帮助大学生了解对就业之前需要进行物质、心理、知识、技能等各方面充分准备的价值和意义。同时，毕业生可以根据各方面的分析，结合自己的职业锚，合理客观地对职业做出选择，帮助即将走向工作岗位的大学生树立合理的心理预期，从而尽快适应从校园学生向社会职业人的转变。

二、职业锚在上海对外经贸大学大学生成长阶段的应用实践

过去许多高校将就业工作等同于职业生涯规划工作，认为只要针对毕业班学生做好思想政治工作、就业信息收集和发布工作就可以了。这样容易导致学

生就业时因缺乏社会阅历和市场敏锐度产生职业目标迷茫、选择盲目从众或期望值过高等问题。上海对外经贸大学“以学生成才为本”的工作理念在指导学生的职业生涯规划的工作中得以充分的体现，将大学生职业品质、职业兴趣、个体价值观的塑造和形成延伸到了整个大学四年。

上海对外经贸大学针对大一新生，着力进行学生成才动力源的挖掘，通过建立成才规划平台开展系列活动，让学生了解“我具有什么样的品质？我的兴趣是什么？”在平台上，为学生建立成才档案，引导学生填写成才规划表，培养学生职业生涯规划意识。虽然很多学生当时对于未来就业倾向还很模糊，但规划表格充分起到了引导学生关注自己的理想和兴趣的作用，也让学生学会了思考自己的未来。此外，还通过与校外企业、人力资源专业机构合作开展大学生成才动力源研究，通过信度效度较高的问卷调查，挖掘学生成才动力的主要构成因素和影响力。

大二阶段，学校重点强调专业基础知识的牢固掌握和正确职业品质的培养。让学生了解“我能做什么，我应该做什么？”一方面以自励中心为平台，积极开展读书沙龙、学术论坛、名家讲述、走访名企等活动，将专业所学与实践相融合。另一方面，以暑期社会实践和各类涉外志愿者赛事活动为契机，注重服务他人、奉献社会的个人品格培养。

大三阶段是职业规划指导的关键时期。这一阶段学校重点开展职业技能培训和职业素养塑造，让学生了解“我可以做什么？”利用校内创业中心这一平台，学生可以运作虚拟或者实体公司来了解具体岗位的能力要求。此外，通过鼓励学生积极参与国内外商科类竞赛如 ERP 沙盘模拟大赛、IVEY 案例大赛、SIFE 大赛等，不但提升学生的专业知识运用能力，更重要的是拓宽学生的视野、增强职业素养中最为重要的团队合作精神。

大四阶段是学生职业生涯规划指导成果的体现期，也是学生转变为职业人的起步期。因此，这一阶段对于学生心理调适、求职技巧的培养尤为重要。上海对外经贸大学除了举行专场招聘会、宣讲会之外，还针对不同发展需求的学生群体举办专题沙龙，帮助学生端正择业心态。同时，学校结合本校专业特色，与自贸区开展广泛合作，举行就业专题论坛，与用人单位、人力资源专业机构共同探讨行业市场热点问题并开展求职技能测评和培训，让学生了解“我拥有什么？”

三、“职业锚”在上海对外经贸大学大学生就业选择中的指导应用

不同“职业锚”的学生，职业生涯的道路也不一样，因此构筑大学生职业生涯规划，必须设计全方位的成才渠道和培养模块来指导不同类型锚的学生。“职业锚”的最终发现和定位并不是短期就能完成的，它是一个人将多年的实际工作经验、兴趣、资质、潜能等因素有机整合所获得的结果。因此，高校职业生涯规划指导工作者需要在学生进校之初就要帮助其积极进行“职业锚”的探索活动。首先，帮助他们确立正确生活的态度和价值观，它对“职业锚”的探索具有导航作用；其次，采用问卷调查、个别访谈和心理测试帮助他们了解自己较为稳定的一些特质，如性格、气质、兴趣、专业特长等；再次，要使他们了解“职业锚”的基本类型；最后初步确定自己更适合哪种类型的“职业锚”，并努力靠近。通过实践发现，不同“职业锚”的学生要发展自我就必须要变革自我，不断树立和调整目标，而且不断提升自身实现目标的能力。

第一，技术或功能锚型的学生，注重追求在专业领域内的大发展，因此牢固掌握专业基本理论知识和熟练掌握专业技能对他们来说尤其重要。例如，希望从事会计师的会计专业的学生，希望从事金融分析师的金融专业学生等，这些职业的专业技术性要求较高，高校在职业规划指导时，多倾向于专业知识学习和专业技能培养，如鼓励并组织学生参加学习沙龙、学术论文研讨、科研项目实训等，使学生在专业的广度和深度上进一步发展。同时，引导学生主动去了解和把握该领域的人才需求基本要求，如在学历和认证资质方面的要求，以便其专业技能日趋完善和就业竞争力得以全面提高。

第二，管理锚型类的学生则表现出成为管理人员的强烈动机，因此培养他们现代管理的方法和手段，锻炼他们的管理能力甚为重要。这类学生多为学生干部或校园活动活跃分子，因此，对于他们的指导除了组织管理能力以外，更多地应该是服务意识和奉献精神的塑造，遏制这类学生思想中官僚思想和不良

作风的滋长。上海对外经贸大学通过搭建校内各种实践平台，如自励中心、社团、学生会、大学生居委会等，为这类学生提供了较多的实践锻炼机会，使他们可以在实践中磨炼意识，提高管理水平。

第三，创造锚型类的学生都有这样一种需要：建立或创设某种完全属于自己的东西，如一件作品、一个公司，来显示他们的成就。这类学生要鼓励其探索未知领域的勇气和创新精神。上海对外经贸大学的创业中心通过校方采购学生公司服务的模式，让学生在虚拟公司和实体公司运营的过程中，切实体会到创新创业的历程。创业中心为这类同学提供了可靠的坚实政策和财力支持，鼓励学生为现实自己的创新创业目标而努力。

第四，自主与独立锚型类的学生希望摆脱束缚和制约，喜欢选择享受自由的生活。他们不像技术或功能锚型类的学生那样希望到某一个企业中去追求这种职业导向，而是决定成为一位咨询专家，要么是自己独立工作，要么是作为一个相对较小的企业中的合伙人来工作。因此，学校应重点指导他们学会平衡兴趣与正常学习的关系，学会保持个人发展和组织制度的和谐，教育他们学会把握好自由的“度”，以达到个人的最好发展。

第五，安全锚型类的学生极为重视长期的职业稳定和工作的保障性。他们比较愿意从事能提供有保障的、有体面的收入以及未来可变动性较低的工作。这类学生通常倾向于选择政府或者较稳定的事业单位作为自己的职业奋斗目标。学校通过建立学生事务中心让这类学生在从事一些行政事务工作的同时也体会到安稳并不代表安逸，学校通过岗位的轮换让这类学生注重竞争意识的培养，让其明白在这个瞬息万变的社会，要保持职业的稳定性，一方面，必须要有自己的差异化优势，这样被替代的可能性才会降低；另一方面，要有不断进取的精神和足够的风险意识才能防患于未然。

四、“职业锚”在大学生生涯指导中需注意的问题

在对“职业锚”理论运用的过程中需要注意的是：首先，要想对“职业锚”提前进行预测是很困难的，这是因为一个人的“职业锚”是在不断发生着变化的，它实际上是一个不断探索的过程所产生的动态结果。其次，“职业锚”的类

型是自我意象的模式，而不是外在的规定。因此，要评判不同“职业锚”类型的学生相对成功与否是无效的。

有些人认为，职业应从学生正式脱离学校，踏上社会工作那一刻开始，“职业锚”理论在高校中应用还言之过早。而实际上，对大学生职业规划教育是贯穿于职业生涯发展的全过程的。它体现了“以学生成才为本”的工作观念，未来的个体将越来越关注自身的发展，在这样的背景下，教育势必要体现人文关怀。大学教育的目的不仅仅是传授知识技能，而是要培养能够将这种知识和技能合理运用在适合自己的社会角色生活中，并从中体会到社会价值。大学生职业生涯规划中引入“职业锚”理论，能帮助学生在自身职业生涯发展时懂得取舍，学会选择属于自己发展的道路。

第十章

秉承中国情怀探索高校思想政治教育创新

高校思想政治教育的最终目标是培养大学生成为全面发展的人才，成为中国特色社会主义社会的“四有”新人。在新形势下，思想政治教育的内涵和外延都得了极大丰富，无论是在内容上还是在方法上都要求与时俱进，体现时代感。本章从中外合作专业学生思想政治教育和辅导员工作室两个新的视角，分析了当前人才强国战略背景下其他国家思想政治教育的做法和理念，以及我国在思想政治队伍建设上所进行的创新实践探索。当前，思想政治教育在内容和方式上的创新都不能离开中华文化的根基，必须将大学生中国情怀的培养与思想政治教育有机地结合起来，以此增强思想政治教育的导向性和有效性。

第一节　视角：从他国经验看中外合作专业学生思想政治教育

一、不同国家高校思想政治教育的基本现状

（一）教育目标

一个国家高校的思想政治教育目标，最能反映这个国家教育的阶级性和国家意志性，即最能反映这个国家学校教育的政治倾向性。中外合作高校的培育目标是：思想上具有国际意识，能够深刻理解多元文化，能够在国际文化交流中充分沟通思想，能够从国际社会和全人类的广阔视野出发判断事物，具有国际眼光，同时能够在未来的国际社会工作中拥有必备的知识和技能。发达国家

在思想政治教育方面积累了丰富的经验，下文主要从美国、英国、新加坡、日本、德国、法国这几个主要的教育输出国来进行分析。

1. 美国

美国的思想政治教育一般阐述为“德育”。2000 年美国教育研究协会的年会上，Jason M. Stephens 和 Anne Colby 等提出，美国高校的德育目标可划分为四个层次：个人诚信、社会责任、公民责任、建设性的政治参与。其基本内涵概括地表述为力图使学生成为具有爱国精神和守法精神、具有健全的人格的、有用的、让人满意的社会大家庭中的一员，成为积极进取的美国公民。美国大学德育的政治性要求即表现在爱国精神和守法精神之中。在美国，爱国精神和守法精神被看成是社会政治制度在高等教育中的体现。

2. 英国

英国的思想政治教育以“公民教育”为名，实质上是将统治阶级的需要内化成整个社会公民自身要求进步的内在需求。在英国培养“合格公民”的目标就是要培养“资本主义的合格公民”，要求学生成为学会如何与别人相处、有高雅自由的生活、能够考虑别人的需要、有丰富的情感和高雅情趣的自律者，强调让学生了解个人、社区、国家及世界中的相互关系及生活领域中道德的意义。

3. 新加坡

新加坡是个典型的移民国家，面临东西方文化的双重冲击，要求新加坡人不仅要认同自己所属民族的文化，也要宽容其他民族的文化及其传统，新加坡政府坚持“技术上依赖西方，精神上固守东方”的原则。新加坡的德育目标具有鲜明的层次性：第一层次是对本民族文化传统的认同，这是新加坡学校德育目标的出发点；第二层次是树立亚洲人的观念；第三层次是培养认同“一个国家、一个民族”的“新加坡人”，这是最高的层次。

4. 日本

日本资源匮乏，地狭人稠，思想政治教育强调学生要具有坚忍、忠贞、团结的“武士道精神”。明治维新到第二次世界大战结束期间的目标是“和魂洋才”。“和魂”是指“神国主义思想”，“洋才”则是指西方的科学技术。战后，日本在美国的影响下推行了民主改革，在培养目标中强调民主理念。1947 年 3 月，日本制定的《教育基本法》规定:“教育必须追求人格完美，促使其成为和平国家及社会的创建者，热爱真理和正义，尊重个人价值，重视勤劳与责任，充满自主精神，成为身心健康的国民。”这一规定实质上是对日本思想政治教育目标的完整表述。

5. 德国

德国注重培养具有向世界开放的人格的人。在道德方面的要求是培养尊重人的尊严、自我克制、有责任感、乐于负责与助人，能接受一切真、善、美的胸怀，以及对自然和环境的责任心。

6. 法国

法国宣称德育是致力于使人成为有自律的自由人。法国教育部指出，教育的最终目的在于“培养自由社会的公民，使每个青年具有头脑，从而使他能够独立地重申社会协约，或他认为在需要时能够修改这种协约”“教育的一个重要目标是培育学生在自然科学和人文科学方面的批判能力”。

（二）教育内容

中外合作高校为了培养国际化人才必然要使其教育内容国际化，与世界教育接轨，以培养学生在多元文化背景下的生存能力。目前，我国高校的中外合作办学专业有些采用原版教材,有些在本国教材中增加国外论著作为参考书目，有些则开设国际教育方面的选修课程，使学生了解外国的行为习惯和思维方式等。因此，对国外的思想政治教育的内容的分析有助于我国高校的思想政治教育与国际顺利接轨。国外思想政治教育一般包括三个方面：第一是对时事政治的教育、社会制度的教育、爱国主义精神的教育与培养、民主主权的意识培养；第二是道德教育、思想教育、健康教育与生命教育；第三是法制教育，包括对法律知识的掌握与运用、自身合法权利的保护意识，本人应履行的义务等。

1. 美国

从总体上看，美国高校德育的内容是围绕公民教育进行的，爱国主义教育、法制教育、健康人格教育成为德育的基本内容，旨在帮助学生成为一个合格的美国公民。在爱国主义教育中，通过美国的成就教育和西方历史教育，强调学生必须具备美国“国民精神”，使学生中的绝大多数倾向于认为“美国是世界上最好的国家”“当一名美国人比当其他国家的国民更好”。这种爱国教育不只是道德意义上的公民教育，更是一种战略意义上的思想政治教育。在法制教育中，美国高校中的法制教育是建立在合理、科学的法制教育体系基础之上的。中小学主要讲法律的具体内容和条文，大学则侧重于讲法律的形成、演变，即从社会背景中去分析美国的法律和制度，出发点和归宿就是要说明美国法律的合理性、权威性、神圣不可侵犯性。在健康人格教育方面，美国高校认为个人的独立、平等、自由意识、乐观进取精神、良好的人际关系和心理品质是健康人格的重要表现。其核心在于培养与其社会政治制度、文化传统相适应的价值观。这种价值观涉及学校课程的所有领域，是以个人主义为核心的价值观。

2. 英国

英国高校德育具有典型的保守主义倾向。但是，最近十几年来，英国在德育目标上也有同美国接轨的倾向，并开始重视学校德育的责任教育。英国高校把教育学生学会关心作为学校德育的一个基本点，把引导学生学会关心自己、关心他人、关心社会、关心国家的发展作为道德教育的重要内容。此外，学校非常注重教师的个人品质和修养对学生人格的影响，强调全体教师和行政管理人员应当通过自己的政治态度、道德品质和生活方式，对学生的人生观、价值观、政治观施加影响。在现今英国的学校中，既注重通过开设与道德教育内容直接相关的宗教教育、社会和健康教育以及公民教育课程，进行有关的道德行为准则和社会价值观的教育，又强调将道德教育内容渗透到其他课程和学科的教育之中，并通过开展各种活动对学生进行道德教育。

3. 新加坡

新加坡学校教育中关于思想政治教育的内容涉及两个方面：一是德育教育，二是群育教育。德育教育的主要内容包括：效忠国家、献身事业、社会责任心，实质上是“八德”（忠、孝、仁、爱、礼、义、廉、耻）教育的具体体现。群育教育的内容包括大学生的合作精神、忠恕思想及群体生活等方面，具体的内容表现集中在三点：第一，灌输“国家意识”，形成共同价值观；第二，弘扬东方传统价值观，倡导儒家思想；第三，注重法治教育，坚持德法兼施。新加坡是一个高度法治化的国家，它把思想道德教育的很多内容都纳入了法制化的范畴，并且用详尽和可操作性的法律条文对人们的行为进行引导和规范。

4. 日本

日本思想政治教育的内容主要包括爱国主义教育、集团主义教育、人生观教育、人格教育四个方面。首先，日本的爱国主义教育要求学生具有纯正的爱国心、忠诚于国家、敬爱国家的象征，挂国旗、唱国歌就透射出日本国民强烈的效忠国家的思想和行为，此外还要求发展大和民族勤劳苦干的个性培养出色的工作技能等。集团主义教育是日本高校思想政治教育的一项重要内容，要求学生以集团为家，服从、服务于集团，以培养家族式的亲密感和团结感。日本高校的人生观教育主要包括：珍惜自己的生命、展示生命意义、练就顽强意志、处事与人际交往精神。日本高校人格教育主要包括：尊重个人的尊严、自由自律、尽职尽责的教育。

5. 德国

德国高校思想政治教育的内容包括以个人主义为根基的自由主义思想教育；诚实、尊严、责任感的道德教育；民主、自由、平等、和平统一的政治教育；以爱国主义为核心的民族精神教育。德国大学把对学生加强道德教育的基点放在伦理道德观念上，注重培养学生的道德理性和批判能力。德国对大学生的道德教育主要通过伦理学、教育学、神学之类的课程来完成。德国几十年来一直处于东西方冷战交锋的最前沿，以灌输、捍卫西方的民主主义制度和价值观为己任的政治教育显得格外敏感和重要。

6. 法国

法国实行的是中央集权的教育体制。学校的思想政治教育由国家教育部统一领导，思想政治教育课的年限、大纲、教材、参考资料都由教育部统一规定。法兰西文化是法国民族特征的一部分，法国历来重视维护文化的多样性。法国在国际上主张多极化，反对单极世界，维护文化多样性，其思想根源就是爱国主义。爱国主义已经成为法兰西价值观的重要组成部分。法国教育界特别强调，“公民性”不仅仅是“讲文明”，这里的“公民”是一个政治概念。法国公民教育的内容包括三个方面：一是公民的社会责任和道德行为；二是国家和政治制度及行政机构；三是法国在世界上的地位。法国高校通过讲授1789年以来法国在各个领域所取得的成就和对人类作出的贡献、法国的军队和国防、欧洲与世界和平、国际关系等，来增进学生热爱祖国的感情。

（三）教育方式

我国中外合作办学专业近年来在坚守“两课”教学课堂主阵地的同时，积极创新第二课堂培育模式，整合利用各种德育资源，倡导校际沟通，强化实践教学环节。在教育方式上，国外高校思想道德教育仍然以课程教育作为主渠道，但它们已逐步走向主体化、隐性化、生活化和多样化，开展思想政治教育的其他方式则更为丰富多彩，主要有课外活动、劳动教育、家庭教育、历史教育、礼仪教育等。

1. 美国

美国没有一个统一的德育目标和要求，不同地区和学校都可以根据自己信奉的价值观确定德育目标，根据自己的实际情况采用不同的德育教材和具体方法。它们通过各类学科教材、教学过程、心理咨询、大众传媒和社会公共环境、纪律管理等多种途径、多种方法进行德育教育。渗透性是美国德育教育方法最重要的特征之一。美国的德育教育除了把德育内容寓于各科教学和日常生活之外，还注重运用讨论法和故事法，来引导学生对于他们生活密切相关的道德问题进行分析、判断，他们通过启发性的方法、现场教学方法、生活指导方法、反思探究的方法和批判性思维方法等，潜移默化地灌输资本主义的生活方式和价值观念。第一，美国高校把意识形态教育渗透到历史学、政治学、经济学、心理学、社会学等学科中，并把现场教学作为学校德育的补充形式，如组织学生参加社会活动，旁听审判大会、政论咨询会，模拟总统选举等。第二，美国通过各种宗教节日和慈善活动，对国民进行普遍的思想政治教育，如感恩节、圣诞节、复活节等。第三，美国种类繁多的博物馆、图书馆、纪念馆、历史遗迹、名人故居，成为集中反映美国物质文明和精神文明建设成就的课堂，这些场所是向大学生进行美国政治制度和价值观念教育的重要基地和生动教材。

2. 英国

英国高校思想政治教育较少使用有领导、有组织的显性教育方式，而较多地使用间接、多渠道的方式，更注重潜在的影响方式。在具体的做法上多采用艺术型的暗示方法，借助教育、期望、理想、习俗、礼仪、文娱等手段艺术性地达到思想政治教育的目的。例如，英国餐桌上的各种礼仪等都使学生变相地接受着思想政治教育。在学校，思想政治教育的方式也是多样的，如教育学生向国旗敬礼、唱国歌、路过纪念碑时停下敬礼等行为规范，组织学生到法院、市长办公室、市政厅参观等地方参观。英国伦敦有博物馆200座之多，各种参观点100多处，这些场所从不同的角度体现了“英国的大不列颠精神”，传递着英国的政治思想和价值观。英国高校中虽然没有设置专门的思想政治理论课，但是在学校老师都肩负着教书和育人两项任务，有时育人甚至比教书更重要，牛津大学就提出“造就一个人，不是撰写一本书”的口号，在导师制的体制下，导师既管教更管导，把思想政治教育与学生工作紧密结合起来。多样的教育方法使原本带有灌输性质的思想政治教育变得面目可亲，更容易被学生接受，有效地提高了思想政治教育的效果。

3. 新加坡

新加坡的思想道德教育一方面坚持通过开设专门的德育课程来讲解系统的道德知识，另一方面在学校的全部教学和校内工作中贯彻德育目标。新加坡学校的德育主要是通过课堂教学、学校生活和课外活动三维结合来完成的。全国性的活动是新加坡思想政治教育的一个重要途径，它是由政府组织的，旨在全国营造浓厚的道德氛围和健康的价值导向，为学校德育创造良好的大环境。例如，新加坡每年都会组织全国礼貌运动，其中包含尊老爱幼、家庭和睦、助人为乐、乐善好施等内容；此外还有防止犯罪活动、讲华语运动、忠诚周、敬老周、国民意识周等。新加坡非常重视家庭在思想治政教育中的作用，新加坡政府采取立法、政策导向来维护家庭的完整。

4. 日本

日本对青少年的思想政治教育的方法，除灌输性、渗透性之外，其具特色的是体验性、疏导性和全方位性。日本非常注重家庭、学校、社会的相互配合，形成了一个全方位辐射的思想政治教育网络。另外，为了解决道德危机，日本在大量吸收、引进外来思想文化的过程中，特别注意根据本国的国情改造外来文化。日本在学习、吸收他国文化的过程中，拓展了现代德育内容。日本高校在开展教育活动时，积极利用社区的教育力量，主动接受家长和社区的支援，如设立家长、教师协会（PTA），使青少年思想政治教育在潜移默化之中进行。

5. 德国

德国政府根据外部环境及教育对象的变化不断创新思想政治教育的实施方法，相继实施了理论教育法、宗教教育法、心理咨询法、实践教育法等。在德国，思想政治教育功能的发挥主要通过臣民教育、基于国家和民族的政治教育、国家至上、民主政治教育等方式。德国高校则综合采用理论教育法、心理咨询法、活动教育法等方式来实施。在坚持政治、历史作为政治教育基础课程的同时，学校也充分发挥哲学、文学、经济学、社会学等课程的功能。此外，通过校园文化对大学生进行思想政治熏陶，以发挥校园文化的隐性教育功能，实现思想政治教育的目的。学校十分注重发挥规章制度、校风学风等精神层面的作用。

6. 法国

法国重视加强舆论媒介、公共设施、社会文化、社会风气等因素所表现出来的价值目标的一致性，使之能实现强化教育者对该目标的认同、接受和内化的目的。一方面，法国重视思想政治教育环境的整体协调性。一是加强文化环境的建设，尤其是在传媒和出版事业上，如第五频道文化台在宣扬和传播法国的价值观、世界观上起到了重要作用。二是着力建设公共环境，法国政府不仅每年大力修葺原有的古建筑遗迹，而且重建博物馆、展览馆、纪念馆、科技馆等，这些场馆集中体现了法国的物质文明和精神文明，宣扬着法国的政治制度和政治理念，是法国政府向国民进行政治、思想、道德教育的重要基地和生动教材。三是重视社会环境的建设。通过开展各种爱心志愿活动在社会形成良好的道德环境氛围。半数以上的法国人都参加过至少一项志愿活动，这极大地提高了民众的思想道德素质。同时，法国注重思想政治教育的全民参与性，邀请家庭、政府和社会参与。

二、国外高校思想政治教育的主要特点

（一）对学校思想政治教育日益重视

思想政治教育在不同国家和地区的名称和教育形式不尽相同，但实质都是相同的。近些年来，越来越多的国家和地区纷纷采取具体措施，大力加强学校思想政治教育建设，逐步建立强有力的国家和地方领导管理体制，把思想政治教育视为重要的战略任务。1989 年，美国课程发展与管理委员会在广泛调查的基础上提出报告，强烈要求加强学校德育教育，德育与学校整体课程是不可分割的，德育教育必须是学校课程的必要组成部分，应把德育教育贯彻到整个课程体系中。在美国一些大学中，学生必须修够政治学分才能拿到学位证。20 世纪 80 年代以后，日本的教育改革基本上集中在德育改革。1989 年，日本召开了“加强道德教育全国大会”，提出德育工作是关系日本 21 世纪命运的关键，德育教育应成为学校教育的首位。德育教育已经成为日本朝野上下的自觉行动，日本政府拨出专款资助道德教育的调查和研究工作。法国实施了多次教育改革，每次都把公民教育作为改革的重要课题。近年来有人提出，只有不吝啬在思想政治教育上花钱，才能使智力资源更有效地发挥作用。当今世界各国尽管动机有异，但都日益重视学校思想政治教育，把它作为治国安邦、振兴民族精神、维护民族团结、促进经济发展的重要手段。各国对其重视的程度是有差异的，但注重思想政治教育的趋向是共同的、强劲的。

（二）思想政治教育方式多样化

国外尤其是西方学校思想政治教育形式已逐渐从德目主义[①]与全面主义的对立趋向两者的综合，即既开设专门道德的教育课程，讲授基本的美德和道德准则，又注重从各门学科和日常生活中对学生进行道德教育。一方面，政府、

---

① 德目主义：教育者把经过选择的道德观念、道德规范（如诚实、忠孝、勤劳、宽容等）逐条列成目录加以讲解和训练。

学校、家庭、社会机构在学校德育教育中日益结成一个互相作用、不断协调的网络体。例如，美国已从单纯依靠学校及历史课进行德育教育的模式演变为由学校的各科教学、活动与学生组织、家长，以及节假日、庆祝活动、文艺表演、宗教仪式来完成。德国、新加坡等都采用各种手段来发展思想政治教育的一体化网络，使学校同宗教组织、社会团体、慈善机构、家庭、社区中心及政府官方机构建立制度化的联系。另一方面，学校思想政治教育已逐步从书本转向活动，从课堂转向现实生活，从知识传授转向社会活动。西方各国普遍开设劳动课，规定学生要参加社区服务活动，参与各种有益于身心健康的宗教仪式和政治活动。

（三）对思想政治教育理论研究的投入加大

欧洲各国的政府、社会组织和各个大学都设立了多种多样的思想政治教育理论研究机构。这些机构大多得到了官方资助，不仅研究有关道德和道德教育的重大理论问题，还为学校和社区编写道德教育计划教材以及进行师资培训。欧洲大学思想政治教育理论成熟、发达，涌现出了一大批道德教育的理论和学说。例如，英国有牛津大学道德哲学家威尔逊的理性功利主义模式、剑桥大学赫斯特的世俗的道德教育学说、伦敦大学彼特斯的分析的道德教育哲学、麦克费尔等的道德教育的体谅学说。美国学术界把高校思想政治教育作为一个专门的研究对象，从不同学科角度进行研究，产生了许多理论流派，主知、主情、主行三派三分天下。美国高校思想政治教育的专业化、学科化程度相当高，学科化研究的成果也已日益受到人们的认可和采纳。这些理论学派在学校中流行很广，一所学校中可以同时存在多种不同的高校思想政治教育理论，甚至在一堂课的教学中会根据不同的内容使用不同理论的教学方法。

（四）积极探求思想政治教育的科学化

当代学校思想政治教育的一个发展与改革的趋向是致力于提升科学化水平。表现在决策过程方面，当代思想政治教育是经过科学的评估和实验、反复的论证筛选的结果。表现在手段方面，目前西方学校普遍使用各种较先进的科技来辅助教育教学，用电化教学演示各种不可能在课堂上展示的历史和生活情景，用计算机来处理分析有关资料。表现在道德观念的更新和实践领域的世俗化方面，当代思想政治教育注重科学研究，对实践和实验理性进行了概括，启迪人类对自身问题的思考，促进人类道德观念的更新，使学校德育教育不断摆脱“神坛的灵光”而走进人类的生活，帮助人类协调相互之间的关系，树立人生理想，克服自身缺陷，开拓新的生活领域。

（五）注意提升德育教育师资队伍专业化水平

在现代德育教育实践中，随着专业化的教育制度的发展，思想政治教育师资（专门的或非专门的德育教师的专业品质）或专业化的发展也就成了必然和共识。美国对专门的德育教师有一些明确的专业要求或规范。

三、国外思想政治教育对我国中外合作办学专业学生思想政治教育的启示

中外合作办学在多元文化的传播中实现了文化创新，也促进了中国高校思想政治教育的变迁和创新。国外高校思想政治教育在理念、内容、方法及机制建构等方面，为我国中外合作办学专业学生思想政治教育的发展提供了借鉴与启示。

（一）以我国社会主义事业建设为价值引领

思想政治教育是为统治阶级政治经济活动服务的。资本主义国家虽然极力声称其高校德育的超阶级性，但其在进行国民教育、公民教育过程中无不反映出为资产阶级服务的本质。具有中国特色社会主义的高校要充分围绕社会主义核心价值观，以培养出为人民服务、为社会主义服务的合格建设者和可靠接班人为目标。没有或偏离马克思主义、社会主义思想指导的大学不能称其为社会主义大学，也培养不出社会主义需要的合格人才，甚至导致国家变质。从我国和国际共产主义运动的实践可以得出以下结论：社会主义大学的思想政治教育必须以科学的思想、理论——马克思主义为指导，才能培养出忠诚的社会主义

建设者和接班人。

（二）立足于我国社会经济文化发展现状

中外合作办学专业学生思想政治教育的内容不能脱离社会实际，要根据社会上出现的新情况、新问题及时进行调整，使其适应社会发展的需要。学校思想政治教育的每一次发展都是顺应和参与了特定的社会文化运动的结果，每一次改革都是使德育教育更贴近社会现实、更深入社会实践、更好地为社会实践服务，也同样使之与现实建立更好、更密切的联系。中外合作办学专业学生的思想政治教育需要用道德行为规范、政治信仰和目标去教育训练，使学生适应社会。许多发展中国家企图照搬别国成功的德育模式，不仅不能促进本国的德育发展，反而会产生一系列混乱。思想政治教育工作者要增强资源开发意识，探索整合多元文化资源进行价值观教育的新模式。首先，要深入推进社会主义核心价值体系学习教育。党在新的历史时期，提出了符合社会发展规律和时代要求的价值选择。社会主义核心价值观是我们党根据马克思主义的根本原则和基本原理，不断结合我国改革开放以来的实际，对解决社会主义思想价值观念问题的新创造，是从思想文化方面对中国特色社会主义所面临的现实问题做出的科学解释，是整合社会群体共识的价值指引。社会主义核心价值观的提出为中外合作办学专业学生思想政治教育提供了改革创新的方向和主要内容，我们必须坚持主导性和多样性辩证统一的新要求，把对马克思主义世界观、人生观、价值观的宣传教育的主导性与不同大学生群体的特点和要求统一起来。其次，要继承和了解中国传统优秀文化，只有让学生学习、了解中华文明和中国社会的发展，才能激发他们内心的认同感和自豪感，才不会在多元文化的交汇和碰撞中迷失。最后，要吸收和借鉴西方文化中有益的、先进性的思想文化成果，如民主法制、科学理性等，为我国社会主义建设服务。

（三）建构完善的教育内容体系

中外合作办学专业学生思想政治教育内容是为教育目标服务的，其内容的选择和编制是实现思想政治目标的关键环节。虽然国外对思想政治内容的确定、取舍标准千差万别，但通常受社会需求和人的发展两方面因素制约。在社会需求方面，又有四种内容区分：道德规范、社会规范、国家利益和政治目标。国外学校思想政治教育的实践表明，成功的思想政治教育内容应当是社会需要与人的发展要求的内容的有机结合：一是反映个体心理健康、道德品质、政治观点和思想观念的有机结合；二是反映社会生活基本知识学习、行为习惯的养成以及认知能力发展的有机结合；三是使人的发展的知识、民族价值观和人类普遍的道德价值的有机结合。以上三个层次的内容共同构成立体的中外合作办学专业学生思想政治教育内容体系。

（四）树立以人为本的育人理念

要重视学生利益，引导学生树立与社会价值取向一致的价值观、人生态度和信念。美国自 20 世纪 80 年代以来陆续制定的教育改革文件指出：美国的学校在以多样化来满足每个求学者的需要、利益、兴趣等方面做的是成功的，但在学校社区共识、地域精神、社会责任感、全球视野方面还存在不足。而在东方国家大都推行的类似新加坡的“国家至上、社会为先、国家为根、社会为本”的价值观教育。现在的年轻一代已经越来越多地要求尊重他们作为个人的存在价值。所以在儒家文化圈内，许多国家、地区政府也开始积极寻求社会价值与个人价值之间的平衡。在多元价值并存的情况下，中外合作办学专业学生思想政治教育应该主动作为，引导和指导学生适应开放与多元的社会。确立“以学生为本”必然要重视学生利益，以满足学生利益为出发点，培养学生的社会意识、爱国意识以及公民意识，让学生积极主动地融入实践过程，生动活泼、全面自由地展现个性。这样，中外合作办学专业学生思想政治教育才能在符合学生的意愿、情感、个性差异的基础上体现思想道德主体性教育的特点，树立与社会价值取向一致的价值观、人生态度和信念。

（五）注重建设合力机制

思想政治教育是一项庞大的系统工程，需要党和政府的统筹安排，需要全社会的共同努力。一方面需要建立不同学习阶段有效衔接的联动体系。国外思想政治教育比较强调教育内容与学生发展阶段相适应，我国的高校思想政治教育由于偏重于以某一时期党和国家的路线、方针、政策作为主要内容，对受教育者的年龄特点、个性特征、教育层次等因素的考虑不周，高校与中小学思想政治教育的衔接联动不够。另一方面需要建立学校、家庭、社会良性互动的合作关系。透过美国学校的公民教育，我们可以看出，在美国，学校教育是主体，家庭教育是基础，社会教育是延伸，家庭、学校、社会和传媒、政党、宗教组织都会利用一切时机和场合宣传美国的生活方式和价值观念，营造出人人、时时、事事做公民教育工作的大氛围，形成相互联结、不断协调的社会化综合教育网络。

第二节　实践：高校辅导员工作室建设机制探索

在高校中建立辅导员工作室是贯彻落实中央 16 号文件精神和教育部《普通高等学校辅导员队伍建设规定》的重要举措，是培育优秀辅导员的重要阵地，是创新工作思路、凝练工作特色、推广先进经验的重要平台。辅导员工作室作为高校辅导员队伍职业化、专业化发展的新载体，近年来已经焕发出生机和活力。目前上海、山东、安徽、广东、辽宁等省市都相继成立了省/市级工作室，许多高校也成立了校级工作室。工作室的建立拓宽了辅导员队伍的发展平台，对于创新中国高校学生德育工作有着重要启示。

一、辅导员工作室体现的价值取向

上海市教育委员会在辅导员工作室建设的文件中提到了工作室的定位是希望将工作室打造成展示辅导员风采的窗口、创新育人理念和方法的平台、孵化辅导员名师的摇篮。因此，工作室的建设目标中应该体现出以下价值取向。

（一）引领：发挥优秀辅导员的榜样作用

工作室不是一个普通的成长平台，而是发挥优秀辅导员标杆、示范和引领作用的舞台。工作室的成立可以充分发挥辅导员队伍中先进典型的示范作用，进一步推动辅导员队伍高质量的发展。工作室负责人通常是在工作岗位上具有突出事迹和贡献的优秀辅导员，通过设立工作室，可以充分发挥这些辅导员的榜样模范作用,同时也将优秀辅导员的育人理念和实践经验凝练形成一种文化，从而传播、感染到更多的辅导员，形成一种教育风尚。工作室就像一扇窗口，透过它可以让更多的辅导员学习、了解到优秀辅导员的风采。工作室应成为榜样力量示范、辐射和带动的发源地。例如，复旦大学的“包涵工作室”和上海师范大学的“孙雅艳工作室”，可以让更多辅导员了解和学习她们的事迹，感受到她们的人格魅力。因此，为了保证这种引领的价值功能，工作室的申报会设置一定的准入门槛，确保其先进性和示范性。

（二）聚焦：明晰辅导员的成长方向路径

工作室不是覆盖辅导员所有的日常工作，而是聚焦于辅导员的某类职业能力，并为其提升搭建了良好的成长平台。2014 年 3 月，教育部发布了《高等学校辅导员职业能力标准（暂行）》，其中将辅导员的工作内容梳理和规范为九方面的内容。而工作室通过设立主题，聚焦于某一方面来进行创新性的实践和探索。例如，上海市建立包括生涯指导、心理咨询、主题教育、网络思政等 6 个不同主题的工作室。安徽省也在 2014 年成立了涉及资助育人、创新创业、心理辅导等 19 个不同主题的工作室。正是因为聚焦，才能更加有效地发挥不同学校的资源优势，才能深入挖掘该领域的实践探索成果，才能吸引具有相关职业发展兴趣的辅导员，才能对该领域涉及的热点、难点问题展开深入研究。例如，上海海洋大学心理辅导专题工作室依托上海高校心理咨询协会，积极引入专家资源，通过对辅导员进行系统培训，提高了辅导员队伍在心理咨询方面的专业资质认证程度，同时也形成了上海高校中的心理咨询专业化的高峰和高地。工作室的主题聚焦于职业能力的某一领域，更有利于发挥辅导员的特长，更有利于在高校之间形成百花齐放的格局。

（三）提升：创新专业化能力提升方式

工作室作为辅导员队伍建设的创新举措，它所实现的目标应该是在提升学生思想政治教育有效性的前提下，实现辅导员本身的专业化能力提升。它是实现辅导员与学生“能力双赢”的平台，只有辅导员的职业能力提升，才能有效提高教育学生、服务学生、管理学生的水平和质量。在职业能力标准中以发展阶梯的形式将辅导员专业化发展序列逐次递进，为辅导员提升专业素养和能力指明了方向，而上海市教育委员会在辅导员工作室建设目标定位上就提出要将工作室打造成为“孵化名师的摇篮”。因此，工作室需要建立起辅导员能力建设的孵化机制、成长机制。例如，东南大学辅导员工作室通过聘请马克思主义学院、人文学院、经济学院、心理学研究所等教授为辅导员工作室的专家顾问团队，发展了一种研究式、讨论式、互动式的工作方式，专家将自己的学术积累与学生工作相结合，并带领辅导员开展课题研究，把日常的事务性工作提升到学科的高度，有效地提高了辅导员的科研水平和专业能力。

（四）协同：合力打造学习共同体

工作室的成员数量尽管不同，但是每个工作室都形成了自己的团队文化。成员可以在团队中发挥自身优势，相互学习、共同成长，形成学习共同体，从而提升团队整体效能。在工作室里，资深辅导员通过带领年轻辅导员构建学习的平台，一方面可以传承宝贵的经验，另一方面也可以激发群体学习动力。例如，上海中医药大学的“洪汉英工作室”将洪汉英老师多年来在新疆少数民族学生思想政治教育方面积累的丰富经验和成果进行研究、凝练和推广，让更多辅导员能够客观认识少数民族地区的思想现状，掌握少数民族学生思想教育工作的方式方法。上海建桥学院的“刘伟山工作室”就是以一种传帮带的形式培养年轻辅导员，给予他们更多锻炼和学习的机会，帮助他们成长。工作室的这种团队建设模式，充分结合了辅导员工作实际的要求和特征，跨学校、跨院系的人员构成进一步整合了资源优势，增加了队伍交流的深度和广度。

二、辅导员工作室的机制建设和存在的问题

（一）团队机制建设

1. 准入规则

在准入规则上，需要加强对申报者或负责人的遴选规范。目前部分省市对

工作室的申报人或负责人提出了要求。例如，山东省、广东省都在工作室主持人的工作年限、专业职称、学历、工作实绩上提出了具体要求，认为辅导员工作室的负责人必须在工作实绩和科研能力两方面同时具有突出表现，缺一不可，这也是专家型辅导员的必然要求。

2. 规模

在规模上，团队成员的数量除了广东省规定为 10 名以外，其他各省市并没有做出统一的规定。事实上，由于工作室的主题不同，对于团队规模的需求也不尽相同，的确很难用一个确定的数量来进行统一要求。在实际运行中，工作室成员的数量也会随着工作室工作的推进发生变化。因此可以考虑设置一定数量的核心成员，欢迎一些对此专题有兴趣的校内外辅导员阶段性地介入到工作室的工作中，并且还可以外聘校内外专家提供咨询指导，以丰富工作室团队的结构。未来，应加强工作室团队建设的机制建设，除了对于负责人有要求以外应该对团队成员的构成和发展提供方向性指导，这样才能保证工作室建设的规范化、团队发展的梯度化。

（二）沟通机制建设

1. 要勤于与上级沟通

省市级辅导员工作室通常是通过省市教委和依托高校共建。因此工作室要定期向省市教委、学校主管部门进行成果汇报，接受上级主管部门的监督和指导，及时反馈建设进度和情况、反映建设周期内遇到的问题，有利于上级主管部门及时有效地做出支持和回应，从而确保建设的顺利进行，避免因沟通不顺畅造成建设的停滞或者偏移。

2. 要善于与平权对话

如何吸引学生关注工作室，如何帮助工作室以外的辅导员了解工作室，需要搭建起工作室与外界沟通的桥梁，新媒体的运用能有效拉近与学生、教师之间的距离，工作室的活动可以通过网络进行宣传，同样也可以通过网络进行成果展示。例如，华东政法大学姚兰工作室创建了专门网站，使之成为有效的宣传载体，上海对外经贸大学黄静工作室、高伟工作室利用新媒体建立了微信公众号，及时报道工作室的动态，加强了工作室在师生中的影响力和号召力。

（三）评估机制建设

第一，工作室的成果展示形式多样。由于目前全国各地均没有出台评价工作室建设成果的指导性文件，所以对于工作室的建设方向和成果体现，不同高校的理解也各不相同。但是各学校在拟定工作室建设方案的过程中也相继提出了自己工作室的预期目标和成果体现。总体上看，成果的体现形式主要为科研类成果、实践类成果、教学类成果。未来，工作室评估机制的建立首先要体现建设标准与评价标准的协调统一。要在明确建设方向和目的的基础上，科学合理地设立评价指标，评价标准应遵循梯度化原则。第二，评价内容与评价方法要主客观结合，要以目标完成情况为导向，评价指标应具有前瞻性、规范性，评价内容应偏向辅导员的专业性和职业性。第三，实践应用与理论研究要统筹兼顾，成果的显现形式要允许多元化的形态，不能仅仅看重科研类成果，也要看重实践创新，要将能否发现问题、分析问题、解决问题作为评价工作室成效的重要手段。第四，要鼓励创新，对于创新的工作模式和方法要给予支持，对创新中对存在的问题和不足进行剖析，及时寻找原因，加强改进。

（四）保障机制建设

1. 物质保障方面

在物质保障上，各省市教育主管部门和高校也为辅导员工作室设立专项经费，保证了工作室工作的有序开展。上海市教育委员会文件中明确提出整合全市资源对工作室提供支持。各高校也需要充分重视工作室建设，对工作室进行相应的配套资助支持。例如，配备场地，购置报刊书籍，对开展课题研究、外聘培训授课、调研考察提供支持。学校还可以通过建立辅导员工作室培育孵化计划，培育孵化校级层面工作室。

2. 在文化保障方面

在文化保障上，工作室作为一个组织具有其自身的文化特质，要将协同合作精神渗透到工作室的各项实践中。要营造一种协同、积极、向上的文化氛围，并引导工作室成员逐步认同工作室文化价值观，当工作室内部都形成了以共识为核心的精神文化、以发展为核心的学习文化、以分享为核心的合作文化时，成员间就会形成共同愿景，实现工作室“文化育人”的目的。

三、辅导员工作室建设需要处理好几组关系

（一）处理好与学生工作其他部门的关系

1. 辅导员工作室要不越位

工作室的性质不是学校学生处于下属的分支机构或部门，因此在实际运行中应该明确自身的功能定位。例如，职业规划主题的工作室需要处理好与学校就业指导中心的关系，心理咨询辅导主题的工作室需要处理好与学校心理咨询室的关系，不能重复去开展就业指导中心、心理咨询中心已经开展的工作。在工作室职责的梳理上，要做到设计不重复，在提供的服务上，要做到内容不冲突。

2. 辅导员工作室要不缺位

工作室的主题和发展方向要能覆盖到辅导员能力建设的方方面面。辅导员工作室是辅导员队伍建设的创新平台，它承担着促进辅导员队伍职业化、专业化、专家型发展的使命，因此在立项中，教育主管部门要统筹兼顾，挖掘不同高校的队伍特色，建立的工作室要覆盖辅导员职业能力的各个领域，不能顾此失彼。同时各高校也需要加强与省市级教委德育处、辅导员培训基地、高校学工部门队伍建设的联系和对接，有效整合省市、高校辅导员队伍建设资源，为辅导员职业能力发展提供更为广阔的平台和空间。

（二）处理好工作室工作与本职工作之间的关系

由于工作室是非部门或分支机构，所以其负责人和团队成员往往都有其本职工作，身兼数职。那么处理好自己本职工作与工作室的工作就显得尤为重要。第一，工作室的日常管理需要实行更为灵活的弹性工作制。应以工作完成效果作为考评依据而非出勤情况。第二，采用项目制运行。工作室通常有会议类、

活动类、咨询类、研讨类、调研类等不同类型的工作，负责各个不同领域的成员对于工作室项目介入的广度和深度也会不尽相同，对于成员的能力要求也会有较大差异。因此，将每一项工作项目化，根据项目要求组建项目团队进行设计、实施、跟进、总结，会有效提升工作效率。第三，要将工作室工作与本职工作相结合。辅导员在开展工作室的工作过程中要充分利用现有岗位的资源和平台，不是另起炉灶，另搭舞台，而是资源的整合和重组，工作方式方法的创新和重构。同时要大力发挥成员优势，统筹兼顾。如果因为工作室工作而影响本职工作质量，就是舍本逐末了。

（三）处理好工作室的科研与实践之间的关系

1. 要基于实践这个基础

辅导员工作室不同于其他学科的工作室，辅导员的职业要求是引导大学生实现价值建构，而价值建构必须是以生活实践为支撑，如果科学研究脱离甚至凌驾于现实生活之上，那么就将成为彼岸悬壶。因此，工作室的研究必须立足于现实生活，要从学生的社会生活感觉、主体实践悟觉、课堂教学知觉三者有机统一的视角去开展研究。要将学术性与应用性有机统一，科学性与现实性彼此呼应，让研究成果不断在实践中接受检验。

2. 要基于问题这个导向

要勤于从具体工作中寻找问题、发现问题，善于把握前沿性、规律性的问题，敢于关注和回应热点问题、难点问题。辅导员工作室不能为了研究而研究，而是要让研究成果可以指导实践，反映实际问题，帮助辅导员开拓思路，了解应对问题的新招、好招，学会解决问题的绝招、妙招，帮助辅导员真正成为懂理论的实践者和会实践的理论者。

（四）处理好成员个体发展与辅导员队伍整体发展之间的关系

辅导员工作室是发挥辅导员示范和引领作用的阵地，也是孵化辅导员名师的摇篮，因此工作室既要培养优秀的团队成员也要促进队伍整体素养的提升。一方面，负责人不能一枝独秀。工作室的负责人和团队成员之间要协同发展、共同进步。从广东省、山东省的辅导员工作室申报要求看来，都对于负责人提出了较高要求，往往要求是省市级或国家级的优秀辅导员。这些辅导员都已经具备了丰富的经验和研究成果，因此作为工作室的名师，他们更需要发挥示范引领作用，通过“传帮带”引领团队形成学习共同体，挖掘团队成员潜力，培育出更多的优秀辅导员和思政教育骨干力量。另一方面，工作室要及时凝练可以复制、借鉴的先进经验和科研成果进行传播。不能脱离辅导员队伍这个大群体、大平台。高校辅导员队伍整体的发展成果可以通过工作室加以映射，同时工作室的平台优势和资源优势也要将经验成果有效地辐射到全校甚至校外的辅导员队伍中，让更多的辅导员学习、使用和分享工作室的研究和实践成果。

（五）处理好辅导员工作室与其他工作室的关系

在很多高校，除了辅导员工作室，还有思想政治理论课教师工作室、学科专业教师工作室、学生工作室等。由于其内容和定位的特殊性，辅导员工作室与其他工作室有着本质的区别。事实上，由于辅导员的核心工作是育人，育人是一项全员、全过程、全方位的工程，那么也就决定了辅导员工作室的工作特质中势必会有合力育人的特征。因此，辅导员工作室与其他工作室之间应该要形成资源共享的通道，在必要时，要积极引入其他工作室的优质资源。例如，职业规划主题的辅导员工作室可以和学校生涯发展类学生工作室进行合作；党建主题工作室可以和思政理论专业教师工作室开展合作进行理论研讨，学业指导主题工作室可以与专业教师工作室合作，邀请学科专家开展活动。另一方面，工作室也要加强不同层次的培育和不同主题之间的交流。有些高校分别成立了省市级、校级工作室，这为阶段性的培育辅导员名师提供了梯度建设的途径。这些不同层次的工作室虽然主题不同，但是他们之间不应是孤立的，他们也需要打破壁垒，加强沟通，分享经验，共同探讨工作室建设和发展。

第十一章

把握时代特征，提升个人网络媒介素养

随着大学生对网络的依存度越来越高，高校思想政治教育面临着机遇和挑战。在大数据、移动设备、社交媒体充斥着我们日常生活的当下，网络不仅仅是载体，也是环境，我们需要把“互联网+”的理念用于思想政治教育中，用具有时代特征的模式更好地服务于学生的教育、管理与发展。同时，新时代下，也对全面提升辅导员网络素养提出了新的要求。本章从大学生群体在网络环境下行为思想变化和辅导员利用微信公众号开展工作两个不同的视角，分析了互联网与思想政治教育结合的创新实践，为提升辅导员网络媒介素养进行了探索。

第一节　视角：网络化生存背景下大学生群体建构的思考

在新媒体时代下，大学生无网不在、每日必网的生存状态已经成为现实。网络化生存的现状对他们个体的认知意识、价值认同、角色身份、文化观念等都产生了重要的影响，进而会对大学生群体的认知、思想、意志、信仰产生影响，这都给大学生组织群体的思想政治教育工作带来新的机遇和挑战。在网络背景下，如何在大学生群体组织中进行价值取向引导，发挥群体组织在个人思想品德形成发展上的正向作用，如何加强大学生群体组织的建构、丰富群体活动的内涵是新形势下网络思想政治教育所要面对的新问题。

一、大学生网络化生存现实及网络行为的新特点

通过开展大规模的问卷调研，分析了大学生网络行为信息，总结出了大学

生网络化生存情况下的新问题和新特点。调查发现，每天上网时间在 1 小时以上的大学生所占的比例接近 90%，当代大学生呈现出无网不在、每日必网的生存状态，网络已经成为大学生活里继“居住空间”和“工作空间”后的“第三空间”。大学生的网络行为也表现出信息分享传递性、观念表达随意性和渠道选择多样性的新特点。

（一）大学生利用转发或者分享扩大信息在群体中的传播半径

71.86%的大学生会将网上看到的信息分享或转发给其他人。转发的内容则主要集中在时事热帖、轶闻娱事、生活百科信息。在转发或评论时，37.4%的大学生是直接转发或评论，而通过搜索，对原始信息进行独立判断后再转发或评论的仅占 15.3%。因此，转发和分享的运用，极大地提升了信息在大学生群体中传播的速度，但转发信息往往缺乏独特思想和深刻见解，造成了技术含量高、原创程度高的信息还是偏少的情况。

（二）大学生利用网络平台表达自己意见呈随意性趋势

大学生在个人信息空间（如微博、人人网）等发布的主要内容是自己身边的新闻和趣事、情感，在网上聊天的主要话题排列前几位的分别是随性调侃（58.4%）、个人爱好（41.8%）、学习交流（39.1%）、人生感受（37.4%）。可以看出，网上大学生发布信息内容多围绕个人生活，随意性强。

（三）大学生对于网络媒体的选择多样化

大学生对于时政要闻社会热点的关注渠道主要是通过国内各大门户网站，如新浪网、搜狐网等，比例达到 37.8%，而通过政府官方网站（如新华网、人民网）了解新闻的比例只有 15.83%。这里值得关注的是有 14.62%的大学生会通过境外有关中文网站（如凤凰网、联合早报网等）来获取信息。在受调查的大学生中，有 32.8%的学生曾通过“翻墙”浏览过境外网站。这为大学生思想政治工作者提出了新挑战，要求思想道德教育要善于从多元化的舆论中寻找共同点，坚持正确的导向，引导大学生学会筛选信息、过滤信息。

二、网络化全面渗透下大学生主体心态的新变化

（一）网络舆情导致思想焦虑：网络认知的左右摇摆

网络舆情不同于分散而孤立的网络评价，缺乏社会影响力，它往往是经过众多网民的自由讨论、激烈争论，并达到适当的比例，才得以形成的，因此更具有社会影响力。但是由于对网络舆情缺乏相应的管理机制和措施，加上网络信息的海量、共享性和快捷性等原因，一些无用的、过时的、粗糙的、调侃的、反动的、色情的、迷信的、暴力的信息充斥着互联网，以至于大学生在面对这些五花八门的网络舆情时无所适从。网络舆情行程演进是社会群体共同签约的过程。当某一种网络舆情形成并最终沉积到社会意识之中时，人的道德观点也就开始形成。网络舆情一方面可能改变大学生的是非认知系统，从而影响大学生道德和行为的走向，另一方面也弱化了大学生的道德自控能力，从而使大学生网上活跃、网下焦虑，加之本身缺乏足够的认知力和判断力，以至于面临认知的两难选择和摇摆不定。

（二）网络认同折射价值需求：价值观念多元化倾向

大学生的网络群体行为往往基于共同的价值需求，具有相同价值需求的大学生网民相互之间具有较强的网络认同感。共同的价值需求可能是共同的兴趣，可能是共同的奋斗目标，也可能是共同的理想追求。具有共同价值需求的网友往往自发形成群体联盟，如博客群、QQ 群等。以 QQ 群为例，QQ 群的种类五花八门，其中包括基于共同兴趣爱好的摄影群、购物群、歌迷群或基于理想追求而建立的考研群、志愿者群等。这些群的成员至少具有一个共同点，群内信息的发布一般以这个共同点为圆心，并向相关议题发散，形成了独特的圈文化和群文化，反映了大学生多元化的价值需求倾向。

（三）网络交往体现两种身份：虚拟与现实的轮换

网络交往依靠特有的网络语言进行，而现实交往则需要语言和非语言交流，因此网际交往相比现实交往更加方便、自由。随着网络化生存的深入演化，

大学生利用网络交流平台在交往过程中逐渐产生了“陌生人交往”与“熟人圈交往”两种并存的形式，并由此体现出网络交往身份的虚拟与现实的两重性。通过 BBS、门户论坛、留言板等方式进行的网络交往，交往主体之间互不相识，虚拟性较强，由于身份的隐匿而显得随意性较大，可控性较差。人人网、开心网等 SNS 社交网站，需要双方都同意才能成为交流对象，真实性较强，但同时也具有较强的隐蔽性和排他性，第三方或监管方不能轻易介入。这些网络交往平台的使用，使大学生的网络身份在虚拟与现实中进行不停地轮换，给新时期大学生德育工作带来一定难度。

（四）网络文化映射社会热点：文化思维呈浅薄化趋势

网络文化浓缩了社会热点，同时社会热点和校园热点在校园网络中催生了一系列网络流行语。“杯具”“柜族”（集装箱住人）等，反映了大学生的迷惘和担忧。“海带”“蚁族”反映了大学生对前景的悲观。对“白富美”和“高富帅”的追求反映出拜金风气对大学生物质观的影响。这些网络流行语浓缩了大学生对社会的认识、对理想的追求、对自身的定位，成为高校网络文化的一种新现象。美国作家尼古拉斯在《浅薄》中尖锐地指出：“互联网造成的各种刺激性杂音，既造成了有意识思维的短路，也造成了潜意识思维的短路，因而既阻碍我们进行深入思考，也阻碍我们进行创造性思考。”虽然网络的使用极大地提升了学习的速度与效率，但是它同时也在影响最为复杂的思考和情感的深度。越来越多的科学证据显示，创造力、批判性思维以及同情都需要集中注意力。网络化生存状态很可能破坏了大学生的集中注意力，让学生不断地分心，使思维停留于浅层。

三、网络信息化带给大学生群体思想政治工作的机遇与挑战

（一）组织关系出现淡化

1. 构成要素角度

从构成要素角度看，大学生群体中的个体权力角色特征淡化。互联网的推

广使用，使个人与组织之间的关系模式发生了改变，也带来了管理方式的变化。互联网的去中心化使得网民们的交往以一种全新的、开放的、平等的方式进行，这就带来了组织结构的改变，形成了全新的组织模式。在高校，大学生的基本组织单位包括专业班级、党团支部、社团、学生会等。学生在这些既有组织体系中服从一定的组织关系指向，承担一定的组织角色并担负相应职责。但是在网络中，这种身份与角色的功能开始淡化。在网络社会中，学生可以忽视社会身份的差异，避开权力的设置，这种模式下，以最高的效率实现对信息的占有，信息的传播与人际的互动突破了从属关系，全在于本人的自我选择。这种组织模式既带来了更高的效率，也使人们脱离组织的“越轨”行为更加容易。学生根据自己的思想诉求成为自己行为的主宰，而且这种主宰又发生在虚拟空间，使高校大学生的归属意识和组织的规范意识更加淡薄。

2. 维持要素角度

从维持要素角度来看，网络化生存使大学生群体中既定的层级关系淡化。传统组织维系往往依赖规范的组织运作流程和刚性的制度架构。网络信息时代，随着 SNS 网络社区交互式平台在大学生中的广泛运用，催生了非正式组织结构——网络群。这类非正式组织的维持要素缺乏稳定性，群的形成完全依赖网友共同的价值需求。组织可以不断地增加或者减少其成员。基于平等交往需求和网络文化魅力而自然形成的群内意见领袖具有较强的价值引导力，意见领袖和群内成员共同构建了以“多向互动、平等自由”为主要特征的网络群体结构，形成了独特的圈文化和群文化。网络思想政治教育的教育者和受教育者随着互动关系的变化，主客体之间的身份也会发生置换，这给大学生网络思想政治工作者带来了巨大的挑战。

（二）活动效应泛化

1. 活动形式

从活动形式上看，网络化的教育形式使活动效果突破时空上的局限。非网络时代的大学生思想政治教育活动形式较为单一，主要是上课、开会、面谈和讲座，在时空上存在限制。随着网络信息技术的应用，教育者可以把思想教育的信息资源通过专门的网站、网页、栏目或信息报道等形式链接到互联网上，供大学生上网浏览、阅读，扩大活动参与主体的覆盖面。也可以通过在网上发布正向引导信息，帮助和引导大学生形成正向的思想意识。同时还可以通过网络对大学生德育实践活动开展状况调研,进一步提升活动的影响力和传播速度。运用网络特有的信息集成性、双向性和可选择性，影响力大大超过了任何一种传播手段，为大学生德育教育提供了一个极具特色的教育环境。

2. 活动内容

从活动内容上看，网络化的教育内容使活动效果呈现出动态性。在网络文化背景下，非网络时期的学校思想政治教育观念已经严重滞后，与当代大学生的心理诉求和内在需要严重脱节。网络文化的开放性使大学生很容易接触到与学校教育不尽相同的价值观，并容易受到一些腐朽落后思想的影响，而忽视了对中华民族精神的汲取，从而在很大程度上削弱了传统思想政治教育的功效。活动内容的供给不足是价值观教育面临的一大难题。网络以其信息量大的特点，充实了高校思想政治教育的内容。一方面，多媒体技术使教育内容的形态从平面走向立体化，从静态变为动态。另一方面，运用网络便于教育者以丰富的历史文化知识和现代科技信息来承载内在的思想政治教育内容。网络便于将教育者和受教育者的互动融入网络交往中，通过网上各种交互式所展现的思想政治教育信息，则更真实、更准确地反映交流者本人乃至整个社会当前的思想政治状况，这为收集思想政治教育一手的信息资源提供了途径。

（三）组织功能弱化

1. 传统组织中信息传递的衰减性制约了解决问题的深入度

因为传统组织层级的关系，信息往往自上而下地单向传播，师生之间缺乏有效的信息反馈途径，因此传统的组织因信息自上而下传递的衰减性，往往只能解决大学生的常规性、表面性问题。因此，不少教师对于学生价值观影响和思想认知都停留在比较肤浅的层面，只能开展一些笼而统之的教育活动设计。而在网络文化背景下，对大学生的价值观形成立体冲击。当个体价值观教育与主流价值观之间存在偏差时，学生对所接受的价值观教育就会产生怀疑，致使他们在不同价值观的影响下产生矛盾心理。网络更贴近组织的每个受众，发言者往往较少顾虑，所反映的问题也较为真实可信，可以有效帮助思想政治教育工作者深入了解大学生的个性化需求，提供更加有针对性的教育。有效利用网络可以使教育功能深入化。

2. 传统组织中信息传播的辐射面降低了解决问题的持续性

由于传统的组织在信息传递方面时效性比较差，教育信息传播速度比较慢，思想政治工作者往往需要将大量的精力和时间用于处理重复发生的问题上，直接影响了教育效果的持续性，使传统组织的教育效果呈现出短期化、临时性特征，也使效果的辐射面较小。而网络的使用，使组织内部和组织之间信息传播非常迅速，不受时间的限制，大众可以在任何时间内接收和浏览任何有益的信息，教育者也可以及时把思想政治教育的内容传送到每一位受教育者的面前，从而提高了教育的效率。另外，可以通过网站的超文本链接功能，将大学生需要学习的概念、事件、人物、思想等详细的资料都通过超文本链接方式展现出来，系统、方便、全面，增强了教育的全面性和持续性。

四、新形势下如何组织学生群体并有效发挥作用

（一）完善基本组织形态，使群体组织结构“固态化”

1. 高校在建构学生组织时应促使学生群体结构固态化

学生作为一种社会人，每天都生活在网格化社会中，每个人在不同的组织中都被赋予了不同的身份，每一种身份都包含一种归属感。事实上，每个人都有着被归属、被编排的基本需要。这是人的社会性使然，是人归属于群体的本能。这种心理产生是由于个人的能力、才华的展现均需要在组织群体中才能实现。只有当学生被赋予一定的组织身份时，他的归属感才能被有效激发。因此，学生群体不能因组织边界模糊，就放弃基本组织形态的保持。高校学生隶属于某个年级、某个专业的组织安排，正是学生群体发挥作用的基本前提。虽然有高校在探索打通低年级学生专业通道，但是无论是以专业或是以班级建立组织，都给予了学生一定的组织身份，这是保障学生在群体中存在的身份标签。面对网络化生存对组织架构带来的挑战，应该充分利用网络平台，构建学生群体组

织，创造学生网上精神家园。例如，易班的建立，以班级为单位进行网络组织建制，使上海大学生在网上有了自己的生活社区，也让班级这种基层学生群体组织通过网络进一步发挥凝聚作用。

2. 高校在建构学生组织时应固守指导思想的原则底线

面对网络化生存对学生思想意识形态带来的挑战，在利用网络平台构建新的学生群体过程中，要把握主流方向。建构网络学生群体组织时应注意以下几点：

（1）主动构建主流组织。精心构建网络教育平台，建立“学校—学院（系）—班级”的三级网络。学校统一建立集思想性、服务性、学习性、交互性于一体的思想政治教育网站，通过服务性吸引学生的关注，通过学习性吸引学生的参与，通过思想性引导学生的成长，通过交互性增强教育的实效性。

（2）积极吸纳中间组织。将一些能反映当代大学生积极健康精神风貌的群体，如人文、艺术、体育类的网络群体，吸收为我所用，积极引导其发挥丰富校园文化的功能。同时可通过创设班级博客、QQ 群等方式，将“集体主义”融入网络群体文化建设中。

（3）严格监控边缘组织。保持对于高校学生组织的先进性、方向性的把握。通过建设一支政治敏感性强的网络辅导员队伍，及时关注学生网络思想动态，准确研判高校网络舆情，增强辅导员队伍在网上的魅力和黏度。

（二）创新德育教育形式，使群体活动内容“液态化”

1. 辨析学生的需求层次，渗透学生真实内心

群体活动内容“液态化”表现为对满足学生需求的层次渗透作用。网络为学生的多样化需求表达提供了广阔的平台，学生的不同层次需求通过网络可以得到充分反映。通过网络，可以看到学生有些是信息需求（如学习资源的搜索阅读），有些是沟通需求（如聊天交友），有些是娱乐需求（如网游、观看影视剧、收听音乐），有些是参与需求（如投票、回帖），有些是自我价值实现需求（如网上创业等）。这些需求的表达体现了学生处于不同的精神需求层面和生活状态层面。因此，面对网络上反映出的学生多元化需求，思想政治工作者不能

一概而论，必须敏锐地在网上捕捉需求，然后在网下通过建立不同的组织，设计不同形式的活动载体和机制，区别化地满足学生。只有在满足了学生的基础需求后，才能逐步满足其高层次需求，逐渐渗透到学生内心，从而实现润物无声的效果。

2. 要捕捉学生的认知困境，探寻活水源进行科学引导

群体活动内容“液态化”还表现为对影响学生价值取向的张力作用。这种张力可以让平日容易被忽略的群体感受到平等与被关注，网络的使用促使各种组织活动的受众面扩张，影响力加大。但与此同时，如果张力过大，也可能颠覆大学生已经积淀的文化观念、价值取向和伦理道德。目前，网络上充斥着大量西方国家的社会文化、商业理念、价值标准和生活方式，这些信息的复杂性给大学生接受优秀、传统的文化观念、正确的民族意识和爱国主义思想设置了障碍，使他们出现了彷徨、困惑和无所适从。因此，高校思想政治工作者需要及时通过网络发现学生的思想困惑，针对学生群体的思想特征进行科学引领，如通过绿色网游、教育网站、交互式平台、辅导员博客等形式融入教育目的，吸引受教育者的关注，发挥大学生网民的自主性，形成一对多、多对多的交互式网络思想政治教育活水源，把大学生思想政治教育做深做透，真正解决学生的思想困惑。

3. 要利用学生群体资源优势，延展优质品牌辐射效应

学生群体组织在网络上的作用可以如液体一样到达一定热度而挥发或辐射。一方面体现在对于网络资源的加热与共享。例如，网络公开课的共享，使网络优质教育资源逐渐升温，促进其效用得以最大限度的发挥；热门资源的利用过程也是一种新的学生群体资源形成的过程。例如，正是网络公开课的盛行，为一群对英文翻译有着共同爱好和热情的学生组成一支支工作志愿者团队提供了可能，让他们可以在这个群体中找到自身价值。此外，学生群体组织可以结合当前大学生网络行为的特点和网络技术优势，创建网络文化活动品牌，利用网络教育辐射面广的优势，开设网上党校、网上团校，利用网络的自我教育、多对多交互的特点，开设主题网络沙龙、主题论坛、主题博客等，对于既有的线下品牌要进行网上宣传和网上品牌塑造，在学生主动参与和师生平等交流的

条件下提高思想教育的有效性。

（三）探索信息挥发途径，强化组织作用“气态化”

从接受者视角来看，当代大学生每天面对纷繁的网络信息侵袭，需要具备强大的信息甄别能力和高效的学习能力。一方面，在组织环境中，如果一部分学生无法保持清醒头脑和正确的价值判断，不能辨别事件的真相，被他人言论所迷惑，那么就容易形成错误的“舆论场”。许多大学生在面对这些错误的“舆论场”时，由于缺乏社会经验和理性思考能力，往往会出现盲目跟风，从而使这种“舆论场”的半径越来越大，最终可能会导致组织中的网络伦理道德的失范。因此，加强大学生的海量信息甄别能力尤为关键，这可以帮助学生学会辨识，去伪存真。另一方面，学生在特定群体中，必然会受群体规范的约束。同样，在网络环境下，大学生作为信息的接受者，仍然需要学习、遵守网络道德规范和法律技术规范，了解“什么可为，什么不可为”，不能逾越规定上传反动不良内容，遵守网上交易规则，远离违背基本道德的网络游戏。

从信息生产者角度，每个大学生都可以成为一个自媒体尝试发声，产生气场影响他人。网络环境下的大学生群体建构一定包含建立一个有效的“发声”通道。因为信息化环境中社会协同的高效、顺畅，需要建立功能更强、更为稳定可靠的“刺激反馈”信号系统，这个“发声”的通道就是信号反馈的有效途径。网上的言论、情绪是能够相互传染的，因此需要注意以下内容。一方面，“如何发声”，这关系到这种声音的影响范围。在高校，学校的BBS、受关注的名家博客经常成为大学生发表观点和讨论问题的场所，也是网上舆论引导的重要途径。在人人网或开心网等SNS社交网络上，由于大学生已经形成较稳定的“熟人”关系网络，因此信息的传播速度和范围应该引起重视。另一方面，“发什么样的声”关系到声音的影响程度。在微博、各类网站论坛上，因为可以隐藏身份，大学生可以比较自由地发布自己的意见，发表现实中不愿说、不敢说的意见，因此它容易成为焦点问题或焦点问题的意见集中发散地，需要尤为关注。

从信息传播者视角，必须坚守住最基本的社会道德底线，不产生信息污染。一方面，学生群体在信息传播中不能纯粹迎合自身喜好过滤信息。在网络世界里，人们很容易找到跟自己思想一致的信息支持者。在开放的网络舆情中，大学生对公共事件释放的刺激性信息形成的情绪、态度和意见是一种互不沟通的“多元”，在“群体极化”的作用下发生分化，置身其中的人往往倾向于把意见群体的力量夸大，完成自我肯定与复制，形成极具差异和对峙的“舆情联盟”。在整个网络舆情话语系统中，由于欠缺对话和讨论，导致许多大学生偏执地沉溺于迎合自己喜好的论述和观点，缺乏思索和创新的观念。另一方面，学生群体在信息传播中不能使网络语言失范。网络语言的失范会导致大学生伦理道德的失范。在网络中，由于教育和管理的忽视使得大学生的网络舆情缺少了约束和管制，网络舆情的语言变得暴力化、粗俗化、戏谑化，有些大学生以制造偏离逻辑、语法和修辞规范的“奇言怪语”为时髦，以发表粗制滥造、肆意恶搞的“胡言乱语”为潇洒，语言表达的“无厘头”现象正在改变和颠覆着大学生阅读、写作、思考、生活的固有模式，泛滥成灾的不规范、不文明的网络语言成为大学生网络伦理道德失范的一个真实缩影。

网络化生存背景下，在大学生群体建构过程中应遵循平等协商、自主构建、自律适应和链接主导的新机制。大学生群体结构是网络德育的新途径，它为积极扩展网络信息源，满足学生全面发展的需求，增强大学生的创新能力发挥积极作用。在学生群体中通过弘扬网络传播的主旋律，提高学生的网络道德认知能力，锻炼学生道德自主构建能力，以促进现实社会网络化、网络社会现实化，打造立体化、渗透式、活力型德育新生态。

第二节　实践：从微信公众号看辅导员思想政治教育途径的创新

随着互联网技术，尤其是移动通信技术的快速发展，自媒体的应用日趋普及。作为自媒体的新产物，微信以其新颖的功能和强烈的互动性，成为大学生的手机必备软件，并已经逐渐成为大学生获取信息、展示自我和相互交流的主要方式。微信公众号平台通过一对多的传播方式，实现了个人或企业与特定目标群体的文字、图片、语音的全方位沟通和互动。正是由于这种信息投放精准、传递及时有效的特征，吸引了越来越多的辅导员注册使用微信公众账号开展学生教育和管理工作。微信公众号这一新兴传播介质的使用为辅导员开拓工作思路、创新工作方法、改进工作模式提供了新的途径与平台，为高校网络思想政治工作带来了新的机遇和挑战。因此，在自媒体盛行的时代下，从微信公众号视角来研究和探讨思想政治教育工作的途径创新，对提升工作的吸引力、影响力和传播力有积极的影响。

一、辅导员使用微信公众号的价值

（一）在网络去中心化的变革中掌握主流话语权

在网络时代，信息由传统的单一中心传递转变为多中心、无层级、同步快速的传递方式。这种“去中心化”的特征解构了原有的文化社会结构，“中心”的意义被大大弱化，与“中心”相关的媒介权力被进行了再分配。在这样的背景下，学生获取信息的媒介途径不再局限于学校官方的传播渠道。媒介权力悄然地还给了每一位学生，每一个人都能成为可以发声并传播声音的自媒体。因此在信息“平权化”的环境中，辅导员的话语权遭遇到了前所未有的挑战。

微信公众号的使用一方面为辅导员走进大学生生活提供了可能。辅导员作为学生在学习生活中接触最多的人之一，当使用公众号时，就已经融合了师生间一定程度上的信任关系，即获得了一定的媒介权力，在了解学生的思想动态方面发挥着积极作用。另一方面，微信公众号的使用为辅导员提供了更多可以利用的教育资源。辅导员在公众号里发布社会事件、时政新闻、理论知识、活动动态等并附上自己的观点和评论，可以与学生进行良性互动，拉近师生之间的距离，有助于推动学生树立正确的世界观、人生观和价值观。但同时，辅导员也需要警惕，具有更强黏性的微信更容易形成沟通的私密地带。网络上传播的不良价值观念和行为范式，以及宣扬与主流价值观相抵触的意识形态会如暗流一样渗透至相对封闭和独立的学生微信群或朋友圈。因此，辅导员应主动关注大众传媒和舆论生成空间，及时应对第一时间发生的事件，利用微信公众号客观公正的信息来先发制人，发挥舆论引导在大学生政治立场和道德观念中的重要作用，抢占思想政治教育的制高点。

（二）在朋友圈封闭式传播中重构信任关系链

大学生社交圈在无限扩大，主题在不断地丰富、嬗变，彰显了现代大学生对群体文化和实现自我价值的追求。伴随着社交多元化的发展趋势，大学生中已经渐渐形成一种“社交圈文化”，由此催生出了新型的人际关系。有着相似的兴趣爱好、心理契合度较高的学生形成了具有一定隐蔽性的朋友圈或群，学生与自己的圈内人之间具有高度信任的强关系，而同时对圈外人具有排斥的弱关系。实际上，随着学生自我意识的不断增强，有少部分学生无论在现实中还是网络上，很少主动与辅导员进行沟通，甚至不愿意辅导员加他们的微信号或者QQ 号，不愿意让辅导员了解自己真实的生活、学习、思想状态。当辅导员微信个人用户被“朋友圈仅好友才能看到”的规则限制住时，对学生思想状态的了解和影响就会遭遇现实困境。

微信公众号的使用可以让辅导员突破圈文化障碍中的关系链壁垒。公众号的关系链建立主要是通过接受他人订阅来完成的，而自身无法主动去邀请和关注个体，随着用户的转发、分享可以将公众号的辐射半径不断扩大。当学生订阅辅导员公众号后，辅导员与学生之间的关系是强关系，当通过公众号发布信息之后，信息可以通过强关系网络链上的学生分享、转发而让未订阅的弱关系学生接收到，因为学生与学生之间通常会形成强关系群体或圈，而来自圈内人的分享信息更容易被自己接受和信赖。微信公众号凭借较强的用户黏性、精准的信息推送可以实现数据的有效送达，而微信好友之间基于信任关系的数据传递，可以让信息接收者的接收度得到极大提升。因此，公众号可以利用这种不同信任程度的关系链有效地突破关系壁垒。

（三）在提升媒介素养的过程中塑造个人自媒体品牌

新媒体环境条件下，由于新事物的不断出现，学生的行为方式和思维方式也不断地发生变化，对增强大学生思想政治教育工作吸引力、针对性和实效性也提出了更高的要求。如何利用特色资源，浓缩与整合教育理念、精神内核、教育内容，将其应用于新媒体路径，并打造网络思想政治的精品，培育品牌，就需要高校辅导员具备较好的媒介素养。因此，高校辅导员应该及时调整自己的思维模式，积极主动地去学习新鲜事物，充分使用新兴媒体，改变自己的教育方法，提高自己在学生中的亲和力和信任度，营造平等对话、和谐互动的网络交流环境，发展自己在学生群体中的虚拟人际圈，扩大自媒体的品牌效应和影响力。

辅导员提升媒介素养主要应从以下几个方面着手：首先，要敢于接触媒介，会学习。作为新媒体的使用者和受众者，辅导员必须与时俱进地拓宽视野，主动学习了解微信公众号的特质和功能。此外，要能够学习经验和成果。辅导员要在完善建设自身公众号的同时，也要积极关注其他高校以及思想政治教育领域的公众号，学习、借鉴优秀的实践经验和研究成果。其次，要善于解读媒介，会分析。辅导员要能对公众号所发布的信息进行分析、批判、鉴别、筛选，将能够引导大学生主流价值观的信息进行再加工，将其转变为符合学生需求，并用适合学生语境的方式传播出去。最后，要勤于利用媒介，会营销。辅导员要掌握新媒体的使用方法和技术，与时俱进，不断丰富自己的知识架构，并能够利用传播学理论，熟练运用新媒体技术开展工作，形成自己的特色，打造自己的公众号品牌，增加工作的影响力和传播力。

二、辅导员开设微信公众号的效用

（一）满足学生咨询的个性化需求

传统思想政治教育过程中，辅导员对学生的辅导和咨询主要通过在固定的时间地点以开会、课程、谈话等形式，以纸质材料等有形载体开展工作。这一方式在新媒体环境下，无论是针对性、深入性还是了解问题的及时性都显示出不足。微信公众号的使用将可以有效克服以上问题，为辅导员对学生开展个性化咨询提供渠道和平台。主要表现为：一方面，可以增加辅导员与学生咨询互动机会。在微信公众平台上，学生随时给辅导员留言提问，并且不局限于文本形式，可以发图片、留语音，提高了信息传输的时效性。另一方面，可以提升辅导员对解决学生咨询问题的针对性。现实中，辅导员往往负责几百名学生，在进行指导时很难抓住个体之间的差异和特征。但是在微信平台上，可以对学生进行一对一的深度辅导，这种情感和精神层面的交流，更能保护对话的私密性，进而大大提高工作成效。

（二）培养学生移动化学习的意识

在网络时代，学习环境也应突破教室、寝室、图书馆等实体限制，延展到大学生生活的每个地方。微信公众号让学生能充分利用碎片化时间，有效地进行移动化学习。大学生的学习时间是分散的，课余时间较多，碎片化时间较多。学生只要拥有移动设备，就可以利用碎片化时间。辅导员可以将文本、音频、视频等多种适合移动学习的材料通过微信公众平台群发给自己的学生，也可以通过相关页面将问题发送给特定的学生。当辅导员微信公众号推送信息符合学生的成长需求，与日常学习生活紧密相关时，那么学生在回家路上，或是在机场、车站的等候间歇，都可以打开公众号的平台，自由自在、随时随地进行不同目的、不同方式的学习。由此可见，微信公众号可以引导学生抓住碎片化时间，提升移动学习的意识。

（三）促进学生便捷的互动式参与

在这个充满着社交红利的时代，单向媒体无法满足大众对信息的渴求。微信与纸质媒体、网站等的一个重要区别就是互动性。微信公众号不但巩固了师生之间的信任，同时也为学生与辅导员之间的互动提供了灵活、便捷的途径。一方面，参与关注流程简易。当学生与辅导员之间的信任关系确立，他只需要通过扫描二维码或者输入微信公众号就可以关注辅导员的公众号，这一过程不需要获得公众号的身份验证和认可同意，减少了繁杂的操作环节，这对于某些性格内向、不愿意主动找辅导员面对面沟通的学生极为有效。另一方面，参与互动方式多样。学生对于辅导员的微信公众号可以通过发私信、点赞、评论、查询、分享朋友圈等方式进行互动交流，交流的形式包含文字、语音、图片等，这有利于拉近人与人之间的距离，使双方的沟通和交流变得更加轻松，并实现信息的无边界传播。同时，学生还可以通过查阅公众号的历史信息，回顾和查询该号在关注之前所发布的所有信息。

（四）帮助辅导员精准化推送信息

辅导员的工作繁杂。一个辅导员一般需要负责几百个学生的生活和学习。所以，对辅导员而言，如何迅速、准确地与各个学生进行有效沟通至关重要。传统的信息传达通常都采用辅导员到学生干部、学生干部再到学生的模式。这样不仅会使信息传递的准确性降低、传播速度变慢，而且是辅导员对第二环节无法控制，无法保证信息的到达率。微信公众号则可以有效保证消息传递的及时性和准确性。当辅导员微信公众号推送信息时，每个关注学生都会在同一时间收到同样的信息，大大缩短了信息的传播长度。此外，辅导员可以将公众号信息转发到班级群或者朋友圈里，不但可以将信息覆盖到未能及时订阅辅导员微信公众号的学生，同时也便于学生将信息真实准确地转发出去，避免信息传递过程中的丢失与曲解，这对于澄清谣言极为有效。此外，对于某些特定学生人群的信息，如党员、班干部、贫困生等，辅导员可以通过建立相应的群，在群里发布信息，实现信息发送对象的精准化投放。

三、利用微信公众号提升思想政治教育有效性的对策

（一）重视信息内涵建设，丰富信息承载途径

辅导员建立公众号的目的不是单纯地发布信息，最重要的是为学生提供优质的服务，协助学生解决问题，并将辅导员的教育与服务通过学生喜欢的方式传播出去。因此，辅导员的微信公众号一方面要重视内容创新，另一方面要提升信息传播途径的内涵建设。

在信息内容方面，一个媒体的生存能力表现为精彩的内容和实用的信息，这是吸引受众的最大法宝。辅导员公众号发布的内容要切合大学生的学习生活需要，关注校园新闻和社会热点，发布的信息要能够在传递社会主义主流价值观的同时兼具一定的生动性、实用性。在信息的承载形式方面，辅导员的微信

公众号不能仅仅是广播站，而应该是一个可以互动的平台，学生可以通过这个平台进行搜索、查询、交流，评论。例如，可以设置关键词（如出国成绩单），帮助学生快速搜索到自己所需要的信息（办理流程、办理地点及联系方式）；可以设置信息指令回复数字（如回复 1，奖勤助贷咨询指令；回复 2，党团教育咨询指令；回复 3，竞赛活动参与指令；回复 4，就业指导咨询指令等），实现辅导员一对一解答，同时也提高了学生自我解决问题的能力。还可以设置投票环节，给学生参与感。在这些丰富的承载形式下，信息实际上转变成了一种服务，这种服务的接触要简单易行，避免阻断用户的体验。当辅导员的公众号信息对学生的需求满足度越大，承载形式与学生的互动频率越高，学生就会更加乐于浏览每次推送，就会有动力去分享给周围的同学，从而加强师生之间的信任度。

（二）保障推送更新时效，避免内容过载传递

网络时代海量而流动的信息中，用户的注意力与视线很容易被分散，人们习惯于快速浏览，单条信息的生命周期越发短暂。事实上，并不是每一条推送信息都拥有较高的浏览量，这与信息的内容是否能够具有较高的时效性、发送时间是否契合学生的阅读时间和习惯密切相关。微信公众号可以在后台对用户进行跟踪，查看用户对推送消息的浏览情况。首先，辅导员的微信公众号发布的信息首先必须及时准确，否则当学生可以从其他渠道获得时，公众号发布的信息就会因滞后而失去价值和意义。需要注意的是，在先入为主的思想影响下，学生还可能因为其他渠道的评论和舆论导向而产生认知上的偏差，这对于后续开展思想政治工作带来了挑战。由此可见，辅导员的公众号要敢于发声、定期更新，为学生提供持续、稳定、优质的内容，充分发挥自媒体的优势。同时也要注意，微信公众号的更新并不是越频繁越好。信息的过载传递，会导致丢弃它的成本变得很低。虽然学生拥有很多碎片化时间，但是我们并不可能占据全部。过于频繁海量的信息，不但会加大公众号维护的难度，导致信息质量下降，也会促使学生因接受过载信息而用脚投票，最终采取忽视态度。因此，信息发布的频率、推送的时间都需要每个辅导员去思考，既要结

合所带学生的现实生活安排，又要考虑学生的作息习惯，来充分提升信息的真实到达率。

（三）强化语言立体渗透，呈现情感充沛流动

在社交网络中，充沛流动的是信息，更是情绪和情感。思想道德教育是人格的、生命的、完整生活的教育，辅导员如果在网络上继续以传统说教方式来开展工作，把思想政治从生活中抽离出来，形而上学，将很难得到学生的认同和接受。大学生个性多元，个体意识和自我意识强烈，因此辅导员的微信公众号发布的文字、图片要能够把握学生青春的脉动，体现对学生的关爱和情感，让思想政治教育生活化。

首先，语言内容要有情感注入。辅导员要在网络语境下让文字不再冰冷，要通过文字语音的温度带给学生心理与情绪上的抚慰，对学生传达平等、真挚的语言，充分尊重学生的个性差异，唤起学生的情感共鸣。其次，语言表述要生动有趣。辅导员在微信公众号中的标题、文章中的措词要在网络语境下通俗生动、幽默风趣，要善于运用有趣的符号、图片、微视频等娱乐化的形式搭建沟通的平台。可以适当结合网络流行语和网络流行体，如“我为价值观代言”“舌尖上的国庆”等活动名称，使之形成易记忆、可传播、朗朗上口的活动概念。再则，语言要立体渗透。辅导员微信公众平台的内容要尽量涵盖学生的立体生活空间，可以涉及学习、生活和思想，可以包括亲情、爱情、友情，同时要突出信息的可读性，有策略地划分栏目，在版面和图片设计上增加时尚元素，体现青春气息，让学生在舒适悠闲的氛围中潜移默化地接受教育。同时需要注意的是，辅导员公众号由于其教育功能的引领性及信息发布的不可逆转性，必须在语言使用上做到慎重真实、简洁明了，不能为了博取眼球而哗众取宠，更不能为了追求趣味性而言辞戏谑失范。

（四）分析后台大数据，挖掘思想政治教育的相关性

微信公众号不同于博客、微博等自媒体平台，其最大的特征是可以通过调用后台数据进行统计分析。正如牛津大学教授维克托·迈尔-舍恩伯格在其所著

的《大数据时代》一书中指出“我们可以分析更多的数据，有时候甚至可以处理和某个特别现象相关的所有数据，而不再依赖于随机采样”。因此，辅导员要善于利用微信公众号这一有价值、有说服力的数据收集途径，了解学生的网络思想和行为。

第一，辅导员要对数据具有敏感性。辅导员要从这些看似杂乱无章的数据中寻找和发现潜在的规律，且为我们工作所用。在信息化时代，学生订阅、浏览、搜索、分享辅导员的微信公众号行为都将产生丰富的数据，这些数据都可以纳入收集、挖掘、分析和利用的范畴。第二，辅导员要了解统计模块的功能性。辅导员通过调阅后台统计模块中的用户分析，可以判断公众号的订阅对象是否与目标学生相符，以及对自己所负责学生的影响覆盖程度；通过对图文分析中的传播转化漏斗模型图分析，可以准确了解每条信息的“送达人数”“图文页阅读人数”“原文页阅读人数”“分享转发人数”，可以分析、判断公众号所发送内容消息的质量是否符合目标用户的口味。通过对用户消息进行分析，可以判定学生对辅导员所组织活动的热情和参与度，从而判定我们所策划的活动成功与否。第三，辅导员要探究数据结果与日常思想政治教育的关联性。辅导员要挖掘数据之间的相关性，而不能仅仅停留于因果性的探索上。例如，对微信公众号中关键词搜索功能的数据关注，通过梳理学生经常提及的关键词，了解了学生在某一阶段的关注重点，后续辅导员可以在网络平台中或者现实生活中针对这些关注重点进行专题信息发布和主题讲解讨论。第四，辅导员要挖掘分享行为与人际关系链的潜在性。辅导员可以通过对公众号信息的分享路径进行跟踪，了解掌握辅导员与学生、学生与学生之间的关系链。当学生愿意将辅导员公众号信息分享到自己的朋友圈时，说明学生对于公众号品牌有较强的忠诚度和认可度，当学生把公众号内容直接发给某个特定的好友时，说明他认为这篇文章对好友有价值，那么这个特定的好友可能就是辅导员公众号的潜在目标客户，虽然这个好友与公众号暂时还是弱关系，但是辅导员公众号的影响力仍然可以通过强关系者的转发送达到他，并发挥教育效用。

微信公众号作为信息技术领域的一项新生事物，对高校学生的意识形态、行为方式、生活习惯等产生的影响值得每一个思想政治教育工作者去关注和重视。虽然目前使用微信公众号的辅导员群体并不大，辅导员公众号在学生思想政治教育中的功效尚未完全被发掘出来，但作为大学生成长道路上的引路人，辅导员必须顺应新的形势，主动将教育工作阵地拓展至数字网络、移动终端，不断提升自身的媒介素养，通过充分有效利用各类新媒体和大数据思维，创新工作方式和方法，及时有效占领主流舆论阵地，进一步提升工作的科学性和时代感。

第十二章

围绕固本铸魂工程加强主流意识形态阵地建设

高校作为意识形态工作的前沿阵地，肩负着为实现中国梦提供人才保障和智力支持的重要任务。党中央已经将高校意识形态工作视为固本铸魂工程，因为它关系到高校为谁培养人、培养什么人这个重大问题。随着世界多极化、全球化网络化深入发展，世界范围内各种思潮文化频繁交锋，本章结合大学生思想政治教育工作中遇到的实践问题和主流意识形态问题展开思考，并提出对策。只有当意识形态的工作真正入耳、入脑、入心时，才能不断提升大学生的思想政治修养，才能让大学生在复杂的国内外环境中坚持中国特色社会主义的道路自信、理论自信、制度自信。

第一节　视角：当前大学生民主实践若干问题的思考

十八大召开以来，政治体制改革俨然变成全国上下关注的一项命题，社会广大群众对于改革的必要性和迫切性都已经达成广泛的共识。随着我国改革的不断深入，大学生不但在社会发展的各个领域分享着我国民主政治建设的成果，并且也不断参与并介入到公共决策、民主管理的各个层面，保障了自己的知情权、参与权、表达权、监督权。大学生的民主实践过程实际上也是接受民主教育的过程。民主教育是当代大学生思想政治教育素质的重要组成内容，高校社会主义民主教育成效事关我国民主政治建设的全局发展。

一、大学生民主实践的现实意义

（一）大学生对社会公共决策的广泛性介入有助于推动高校民主管理体制的不断完善

在权力扁平的知识经济时代，大学生积极投身于国家、学校、社区及其他领域的很多事务，特别是涉及大学生切身利益的公共事务。例如，2005 年年底，部分高校大学生为国家“十一五”规划建言献策，并获得国家发展与改革委员会的高度认可。又如，在学校的公共决策事务中，大学生主动要求参与的呼声越来越高，许多高校已经通过成立特定功能的学生组织或让学生助理深入管理部门的方式让学生深度介入到学校的决策中，在生活园区管理、后勤保障、规章制度的制定、违纪事件处理等与学生利益密切相关的决策事件中，学生个体维权的诉求愈加强烈。大学生民主实践已经成为高校民主政治建设不可回避的问题,我们应当充分认识到大学生对社会公共决策的深度参与对高校民主管理、个体自身全面发展起到了积极的推动作用，同时我们也应该关注到目前大学生民主实践机制建设尚不完善，大学生在民主实践过程中仍然存在着利益摩擦、决策效率低、组织内耗成本高等问题。

（二）民主实践形式的多样化发展帮助大学生明晰权利边界

当前高校的大学生民主实践形式不但有政治性比较明显的大学生人民代表、居委会换届选举，政治模拟性质的社团、班级干部票选、直选，也不乏生活性质的娱乐项目活动，如校园十大歌手大赛的海选等。一方面，丰富的民主实践体验有利于大学生自身的发展，学会自我管理，实现个人价值。大学生在实践中充分发挥自身的智慧和才干，提高自我管理能力，通过各种渠道使自己在社会运行中的主体地位得以承认，从中体验到个人的社会价值，进一步激发参与管理的兴趣，丰富管理经验，由此形成良性循环。在实践中，大学生有机会突破传统社会中对权威盲从的习惯，大胆表达自己的意愿和要求。这充分提升了大学生的思辨能力，减少了对他人的依赖心理，增强了主人翁意识。另一方面，由于民主实践本身的政治性、法律性、竞争性、程序性，多样化的民主实践发展在赋予大学生更多平等权利的同时，也在不断规范他们对“自由”边界的重新理解，学生能切实认识到权利与义务的对等性，学会尊重人格和他人权利，培养自身社会公德和道德责任，学会如何合理行使民主权利，恰当运用自由，增强“自律”和“他律”意识。

（三）公民意识的加速形成有助于大学生增强民主法制观念

近年来，随着我国社会主义民主政治建设步伐的加速迈进，大学生的公民意识正在加速形成。大学生公民意识的形成对于发展社会主义民主政治具有重要意义。公民意识能够支配、主导、指引大学生民主实践行为的发生和发展，同时，民主实践又是增强公民意识的有效方式，大学生经民主实践而产生的新的公民意识，有利于进一步推进大学生科学地理解民主实践。大学生对民主实践的理解也会产生与行动一致的观念意识转变。民主是一种理性的、文明的、有序的活动，其运行必须以法定的、可供遵循的规程和时序为依据。大学生民主实践培养了学生的规则意识、程序意识、法律意识，切实增强了大学生的法治思想。伴随着法治思想而来的是自由意识、平等意识、权利意识的提升。大学生在民主实践中增进了对我国民主政治体系和民主程序的了解，激发了可持续的社会责任感和积极性，更促进了教育资源环境的优化配置。

二、当前大学生民主实践呈现的新特点

（一）市场经济条件下对于权利平等与机会均等的诉求更加迫切

市场经济条件下，经济主体的自主性和自由度得以放大，每个人都希望拥有均等的参与市场竞争的权利。优胜劣汰的市场生存法已被包含大学生在内的社会公众所认可，这对市场规则的公平性提出了更高的要求。大学生作为未来经济运行的主体、市场化推进的中坚力量，将通过不断竞争来确定自身定位，体现他们的社会价值。因此，他们对于权利享受的平等性和竞争机会的均等性抱有极大的诉求。在民主实践过程中，现在的大学生不同于以前的大学生只对结果比较关注，更重视过程的民主，追求机会的公平，具有强烈的维权意识。

他们认为，机会的不平等是最大的不平等，在选举投票、政策制定、评优推荐等方面，他们反感暗箱操作，会主动利用多种渠道寻求信息对称，利用媒体和非正式群体传播信息，旨在直接或间接影响决策。因此，在市场经济条件下，大学生民主实践的开展必须重视对公信力的塑造，使之立足于一个公平竞争的育人环境。

（二）网络时代下对于代议制民主和直选式民主的观念博弈更加直接

网络的普及改变了大学生民主实践的参与方式。他们足不出户，只需动动鼠标就可以表达自己的意愿，敲敲键盘就可以阐述自己的观点。便捷的交互方式极大地激发了学生的民主参与热情，使直选式的民意表达成了可能。与此同时，这种低成本、高效率的民主参与方式对代议制式参与方式提出了挑战，两者的博弈更加正面和直接。代议制民主在程序上的特殊性是由我国选举制度所决定的，也是提高大学生政治参与质量的有力保障。网络时代下，大学生强烈的参与意识易于在缺乏理性思考的情况下将思想观念迅速反映在网络上，由此带来了参与风险。此外，非制度性参与和网络的虚拟性也使民主实践的动因具有了不可预测性。因此，网络时代需要明确不同类型民主实践参与方式的特点和应用范围，充分利用网络资源和信息渠道传播民主思想、搭建参与平台、掌控网络主流话语权，对于培养民主实践热情、扩大民主实践范围、提高民主参与质量有实质性作用。

（三）全球化视野下大学生民主实践内容呈现渗透式扩张的态势

在全球化影响下，大学生的视野范围正经历着从校内到校外、从学习到生活、从国内到国际的迅速扩大。过去大学生的民主参与主要集中在校内，主要局限于与学生工作相关的事务，如班级选举、奖学金评议、推优等制度性参与。随着信息开放度的扩张，社会对于观点的包容性使得大学生民主参与的范围得以快速拓展。当代大学生会对国际媒体对我国的歪曲报道予以有力抨击，也会对我国的地震灾情予以密切跟踪，会对学校办学定位进行自发投票，也会对教师授课质量开展网络评议……可以说，大学生民主参与的范围已经扩展至他们生活、学习的方方面面，他们对自身的角色定位已不仅仅是一名大学生，更是社会公民。

（四）高校教育改革背景下大学生的角色认知发生概念性转变

在高校教育改革的背景下，大学生本位的意识逐渐增强，对于自我的角色认知开始出现变化，这对学生对民主实践的参与热情、参与方式和参与内容都产生了积极影响。随着学费制的实施，学生对自我角色的认知开始逐步从受教育者转变为“投资主体”，他们关注自身的投入产出比，将自我看成是对自我未来成才的“投资者”，乐于与教师平等对话，参与课程设计和活动管理，主动获取最大限度的知识技能。在校园建设中，他们将自己视为“校园的主人”，主动关注学校的建设和发展，积极配合参与学校事务的协调和管理，主动了解学校管理流程、发展现状、未来规划，参与调研和投票。在生活空间中，他们关注社区育人氛围营造，成立居民委员会，成为“居民代表”，延伸民主实践的平台。随着学分制的实施，学校的公益性角色正被部分服务性角色替代。学生本位意识快速增强，关注自身“利益”所得，既是学校改革发展的参与者，又是学校教学管理服务的“消费者”，他们重视主体选择权利，积极进行自主性学习和生活，乐于监督学校公共决策，维护自身权益。

三、当前大学生民主实践的整体趋势

（一）从权力到权利，大学生权益意识凸显，民主实践本质呈务实化转变

当下的大学生民主实践尚处于从权力到权利的转型阶段。一方面，大学的公共权力从私人理性向公共理性迈出步伐，但权利与权力还处于失衡状态，这是由于公共权力的越位或缺位，大学生私人权利在有意或无意中受到侵犯的现象时有发生。另一方面，随着我国民主政治逐渐发展成熟，当代大学生的自主程度正在不断提高，大学生状告学校等法律事件的发生，充分反映了当代大学生的法律意识、维权意识日益增强，大学生民主实践的性质逐渐从公尚性向务

实性转变。因此，当代大学生民主实践发展要做好相应的准备，一是无论在公共权力的产生、执行过程中，还是对公共权力行使的监督上，始终要从大学生的切身利益出发，遵循大学生的民意，顺应社会主义民主发展的未来趋势，寻求大学公共机构权力的行使回归到大学生“权利本位”上，二是注重对大学生的引导，防止大学生在民主实践中呈现过度务实性，缺乏大局观念、公共精神和责任意识，甚至因个人私益而损及公共利益。

（二）从代议制到参与式，大学生表达冲动强烈，民主实践形式呈非理性倾向

随着社会的发展，代议制民主日益显现出其无法及时处理日益复杂的社会事务的局限性。在这一背景下，现代民主体系便在代议民主之外创立了以“利益代表”为模型的参与式民主。社会上各种新型参与方式正在影响着当代大学生对民主实践的理解。我国基层民主进一步发展，村民直选的模式成为改革的潮流；娱乐民主出现新举措，“超女”“型男”的海选模式受到大学生追捧；国外部分民主形式也正在不断向国内渗透。大学生的表达冲动日益强烈，从普通学生变身为前沿领袖的梦想在大部分大学生的心中燃烧。民主实践的形式正在呈现非理性、非线性的发展趋势。当代大学生民主实践发展要以十八大精神为引领，做好发展和规范两方面的工作。要围绕“坚持国家一切权力属于人民，从各个层次、各个领域扩大公民有序政治参与，最广泛地动员和组织人民依法管理国家事务和社会事务、管理经济和文化事业”的指导思想，大学生民主实践要在学校、班级与社区、社团治理等多层次、多领域的民主实践中引入大学生公众参与机制，让大学生在一个既定的制度程序框架内进行利益与意见的沟通、对话、表达与决定，使学校、班级、社团等公共机构的决策获得一个更加丰富的信息基础和更加理性化的结果预期。

（三）从纯政治化到泛生活化，大学生参与范围扩大，民主实践的内容呈开放性

民主政治发展的基本走向应该是政治的生活化而不是生活的政治化。但

当下的部分大学生民主教育存在过于政治化的误区，部分偏离了大学生的生活实际，部分教育呈现出空喊口号、形式主义之路的大而空现象，这都不利于大学生更广泛深入地参与开展民主实践。从大学生自身的政治诉求来看，大学生对于民主的需求日益强烈，民主已经成为大学生成才需求的重要部分，也成为大学生成才的基本途径，大学生参与民主的范围逐渐向学校、班级、社团、社区、社会活动等多方延展，民主实践的内容呈现多维包容性，由政治向娱乐、生活、学习等方面开放发展。当代大学生民主实践要着力于让民主成为大学生生活中的一部分，让大学生真切地体验民主流程，实现民主意愿，热爱民主生活。与国家政权建设相比，大学生民主实践更加强调生活取向，强调大学生在大学公共事务和生活事务上的自主管理与决策，要求开放和扩大大学生自主决策的具体生活空间，形成适合大学生参与、可以激发大学生兴趣、有利于培养大学生民主意识和民主实践能力的多种公共决策参与的模式。

（四）从单向性到多元性，学校预设立场和结论的可能性降低，民意协调难度上升

民意获取的途径是民主发展的关键环节。一个成熟、健全的公民社会，民主发展过程理应建立在多元民意的基础之上，绝不能试图确立一个立场，要求民众去适应这个立场。代议制民主下，民主参与和民意表达的程度有限，大学生民意的可控性较强，同时由于民意没有充分表达，在民主实践过程中容易发生隐蔽性问题；参与式民主下，学校对学生立场、结论的预设难度增大，如何协调不同的民主意见，形成多方较为认同的决策成为民主实践的新问题。但无可否认，此后民主实践过程将更大地提高效率。因此，从单向性向多元性的转变，从根本上说对于民主实践是有利的，但关键就是如何和谐民意及民意背后的群关系。当代大学生民主实践的过程中要坚决杜绝少数人得出的意见或立场让多数人来做选择和适应的局面，要通过多种方式听取来自不同部门、不同立场的不同人对某一公共事务的不同看法，以确保最后形成的决策能够最大多数地反映、代表民意，实现民主决策的公正、公平、公开性，同时要接受公众监

督，做好沟通工作，将监察等工作做到实处。

四、对大学生民主实践问题的思考

解决当代大学生民主实践中的新问题，首要任务是提高制度设计能力、加强制度建设。构成性规范和限制性规范是制度设计的两个核心内容，因此，深刻认识构成性规范和限制性规范问题，成为当代大学生民主实践发展对策性研究的前瞻性突破口。

（一）遵循构成性规范，推进阳光操作

构成性规范是对民主实践法理性的思考，突出民主实践在人员、事件、程序上的合法性，用规范构成理性。遵循构成性规范，大学生民主实践务必要坚守程序性原则，通过形成一套既定的制度，所有具有相关权利的人都严格按照民主实践的流程行使民主权利，达成民主意见，并按照民意行使公共权力，接受公众监督，履行法律义务。程序性原则有利于保障大学生民主实践的法制化、科学化、规范化，但所有的流程及相关内容又必须在阳光下操作，否则民主实践很有可能沦为部分人的游戏，权利公平性、民意真实性、权力公正性将得不到保障。

在大学生民主实践中坚持阳光操作，具有两方面的内涵：一是大学生民主实践在高校中能够实现人员和范围上的全覆盖，让所有的大学生都能够参与到多种多样的民主实践形式（如社区直选、社团海选等）中去，充分认识、懂得维护、认真行使自身在政治、经济、文化等各方面的权利，另一方面则是大学生民主实践的过程要公开透明，进一步完善通报、告示、报告等方面的制度，确保学校、班级、社区、社团等公共机构凡是涉及大学生公共事务的一定要在阳光下运作。大学生民主实践中的每一个环节，包括大学生的民主选举、相关机构的权力执行、机构和民众的民主监督等，凡是涉及大学生公众利益的都要通过一定方式向相关或全体大学生公开，如高校开展校务公开、年度报告等。

（二）践行限制性规范，立足公共精神

限制性规范是对权力的监督，通过限制性规范，形成民主实践的合理性，

用规范限制理性。践行限制性规范，大学生民主实践必须立足公共精神。公共精神是公民在享有和实施民主权利的过程中，立足于公共事务完善和社会发展上的精神。这需要权利人具有大局观念和公益思维。选举者在履行选举权的时候要立足于大局发展，摒弃个人喜好，明确选举义务，认真听取、收集、整合、正确反映民主意见。竞选者要充分认识到“一切权力来自人民”的深刻道理，坚持权利和义务对等的理念，在使用权力的过程中要关注民意、明确责任，合民情、合民意、合公理、合规章地用权，要坚决抛弃私利、维护公益。

大学生民主实践需要具备公共精神，同时公共精神又需要在民主实践的真实情境中不断历练才能形成，进而发展成为自然而然的思维和态度乃至行为方式。这些过程包括参与公共事务的讨论、决策；投身公共活动，实践投诉、上访、联名、请愿等各种公民权利；在投票、选举中学会对他人的正确评价和对自身行为的恰当权衡，掌握协商、妥协、审慎等行为方式和态度，以合作方式有效地解决集体行动中的困境等。要科学培育公共精神，合理营造民主实践情境，这需要推进系统性原则。在实施某一大学生民主实践时，必须综合考虑影响大学生民主实践的方方面面，不仅要注重当前的民主实践过程，同时还要考虑到此前的民主实践问题或进展，此后的民主实践发展方向等，在制度设计上形成连贯性，促进民主实践发展的可持续性。

第二节　实践：当代大学生主流意识形态教育的困境和突破

高等院校既是学术思想活跃的地方，也是各种意识形态碰撞和较量的前沿。青年兴则国家兴，青年强则国家强。大学生的思想政治修养如何，直接关系到中国特色社会主义建设全局。在当前复杂的国际环境中，意识形态领域历来是重要的阵地。形形色色的西方文化、价值观念和生活方式良莠不齐，社会中人们的利益需求和社会意识形态呈现多元化的趋势，对大学生的思想冲击和影响不可低估。随着我国开放程度的纵深发展，西方敌对势力同我们争夺下一代的斗争愈加激烈。在多元化思想的冲击下，主流意识形态教育遭遇到前所未有的挑战，必须在困境中寻求突破和发展。

一、冲击——多元化思想的传播

（一）既崇尚社会理想，又注重实用现实

社会理想是一定社会的阶级或个人对未来社会制度和政治结构的追求、设想和预测。一方面，我国大学生所崇尚的社会理想是社会主义理想信念体系，它包括对马克思主义的信仰、对社会主义的信念、对我国改革开放和社会主义现代化建设事业的信心、对我们党和政府的信任。总的来说，大学生社会理想的整体态势良好，思想政治状况是积极、健康、向上的。另一方面，当代大学生的理想信念已逐渐带有较强的实用主义色彩。实用性已经成为大学生人生理想的鲜明特色。他们比较重视个人理想，重视物质方面的需求，更多考虑的是个人的命运，更多地关注自身的发展状态和现实利益。

（二）维护集体荣誉，但也强调个人权益

一方面，从总体上看，当代大学生的集体荣誉感强烈，对国家发生的重大事件，如全国“两会”、“神舟”七号升空、2008 年北京奥运会和中国 2010 年上海世界博览会、5·12 汶川地震、金融危机等重大事件都给予了高度关注并积极参与。绝大多数学生能认识到个人荣誉与国家、集体的荣誉是不可分割的。当国家取得荣誉，个人会有民族自豪感。另一方面，大学生也强调个人利益的实现。在社会转型期，大学生关注个体的发展使一些个人主义乃至功利主义倾向有所增强。当代大学生追求荣誉的动机主要是实现自我价值，对于个人荣誉和集体荣誉的关系的认识趋于理性，但落实到具体行动中，不少学生就会受到各种因素影响而动摇和削弱集体荣誉感。

（三）忧患意识较强，但心理压力渐大

忧患意识是一种居安思危的危机感和紧迫感。由于市场经济条件下社会群体利益分配的差别和价值观念的多元化，大学生的困惑和矛盾明显增多。一方

面，大多数大学生能够认识到我国生产力不发达的状况没有根本改变、社会主义市场经济体制还不成熟、民主法制还不健全等内部问题。另一方面，当代学生不能很好地将中国国情，与自己所担负的历史使命结合起来。由于他们从小就生活在舒适的环境中，缺乏必要的磨炼，当面对日益激励的社会竞争、面对家庭社会的期望重托，面对某些社会风气的败坏和消极腐败现象时，他们感到无所适从，心理压力渐大。

（四）全球化意识和接受外来文化意识增强

随着全球化进程的不断推进，中国也越来越加速融入全球政治经济一体化的进程中。全球化浪潮的冲击，给大学生带来了开放、创新、融合等现代社会意识。一方面，作为改革开放后成长起来的新一代，他们思维独立，具有批判精神和创造激情，敢于向权威挑战；有很强的求知欲、有竞争意识、注重平等；热心公益，有较强的公民责任感。当代大学生的这些行为和心理特点，打上了全球化时代的深刻烙印。另一方面，信息化改变了不同国家、民族和信仰的人们交流的限制，大学生对于外来文化的接受程度大大增强。他们在跨国界的信息交流中促进了世界文化的传播、融合和发展。他们接受外来文化的同时，也将中国的文化展示给世界。

二、瓶颈——主流意识形态教育发展的困境

（一）经济全球化导致主流意识形态的淡化

经济全球化不仅是一个经济过程，而且是一个伴随着意识形态运动的政治过程。经济全球化过程中不可能产生一种单一的主流意识形态，经济全球化不会使政治一极化，相反会使各种意识形态伴随经济交流涌入其他国家，呈现意识形态多元化。在国外各种意识形态涌入过程中，必然引起当代大学生的好奇心理，甚至盲目崇拜的心理。由于缺乏自控能力和分辨能力，导致大学生价值取向的多元化。在经济全球化过程中，信息技术发展日新月异，国外各种意识形态难以控制地涌入我国，各种非主流意识形态通过网络迅速地在国内进行二次传播。这对原先相对统一的主流意识形态造成了极大的挑战。各种非主流意

识形态为大学生比较各种意识形态的优劣提供了新的参考样本，部分大学生开始对主流意识形态的科学性进行怀疑，进而对社会主义制度进行怀疑。网络无形中影响了大学生的意识形态。非主流意识形态通过网络等途径快速传播，是淡化大学生主流意识形态一个不可忽视的重要原因。

（二）社会转型时期价值观多元化

社会转型时期经济成分、分配方式多元造成经济利益多元化，使价值取向也不可避免地出现多元化。多元经济利益下的社会亚文化对原先单一的主流意识形态形成“威胁”。在经济利益主导的价值取向下，人们开始以经济利益作为价值的衡量标准，主要表现为：第一，强化了自主意识，淡化了集体主义观念。市场经济的自主性、独立性极大地促进了大学生自我的觉醒，大学生的自我意识、自主意识日益强化。大学生对个人利益的要求更加强烈，奋斗欲、成就欲也更加迫切，而当这些欲望膨胀到一定程度时，便会诱发极端个人主义，从而淡化大学生的集体意识和群体意识。第二，增强了主动性，淡化了协作意识。竞争是市场经济的生机和活力所在，市场经济的竞争机制必然带来人们的竞争观念和效益观念。现在，优胜劣汰已经成为大学生对人生成才与成功的普遍看法。市场经济所引入的竞争机制，使协作意识在竞争中被钝化。第三，加强了公平意识，淡化了服务意识。市场中等价交换的原则使人们冲破了等级关系的羁绊，将人置于平等地位，促进了独立人格的形成，使得大学生的平等、公正意识进一步得到强化。但等价交换原则有时被错误地引申到政治生活、人际关系和社会生活等领域。有人把按劳分配原则颠倒为“按酬付劳”，给多少钱干多少活，主人翁精神逐渐淡化；人际交往也被抹上了浓厚的商品色彩，讲究有偿服务，造成社会风气的庸俗化。第四，提高了效益观念，弱化了精神价值。市场经济追求最大经济效益和价值，使大学生在学习和就业取向上逐渐表现出重视管理和经济学科、关注市场经济理论和市场活动经历的倾向，效益观念明显增强。但是市场经济的逐利性也易诱导大学生急功近利、重利轻义，产生拜金主义、享乐主义和利己主义。对物欲的追求很容易使大学生陷入物质主义的泥潭，感官的享受取代深层次的思考，对功利的追求又会压制对精神世界的探寻，导致精神价值弱化。

（三）高校相对滞后的主流意识形态教育

在当前高校的思想政治教育过程中，一方面，高校的思想政治教育明显落后于社会经济的发展要求，教育形式无法满足学生个体的发展需求。教育内容陈旧，教学手段单一，难以解决大学生实际思想问题是现在高校主流意识形态教育中普遍存在的现象。意识形态教学中存在着形式主义，在教学过程中较少深入了解大学生的思想现状和实际学习生活中学生所遇到的思想问题，其结果当然也难以解决大学生实际的思想问题。另一方面，贫乏的思想交流无法透析学生真实的思想现状。一些高校政治辅导员管理学生的人数较多，难以深入大学生群体中，缺乏对他们真实思想状况的了解，不能及时发现并解决大学生现实的思想疑虑和困惑。这样的思想政治教学和管理对大学生的教育起不到应有的效果，而且极有可能导致大学生对意识形态教条教育产生厌烦的心理。这严重影响了思想政治工作在当代大学生中的威信，不利于大学生的主流意识形态教育。

三、突破——主流意识形态教育的发展需求

（一）加强教育引导，把主流意识形态转化为学生群体意识

以大学生为主要构成群体的知识分子是传播主流意识形态的重要力量，对全社会特别是青少年具有很大的影响力。因此，主流意识形态教育必须把高校作为重要阵地，建设社会主义意识形态要从学校抓起。教育引导是建设社会主义意识形态的基础性工作，要把主流意识形态的基本内容和要求渗透到学校的教育教学之中，体现在学校的日常管理之中，做到进教材、进课堂，要在高校广泛开展社会主义核心价值体系的宣传教育活动，坚持不懈地用马克思主义中国化最新成果武装学生思想，最大限度地扩大学生群体意识认同，形成思想共识。同时，要加强学生党员群体的意识形态教育工作。因为学生中的党员干部的一言一行、一举一动对其他社会成员有很强的示范作用，很大程度上影响着学生群体对主流意识形态的认同。引导他们认同主流意识形态，带头学习和践

行社会主义核心价值体系，用自己的模范行为和高尚人格感召群众、带动群众，积极为社会主义意识形态建设贡献智慧和力量。

（二）营造舆论强势，把主流意识形态贯穿到媒体传播之中

充分认识舆论在意识形态建设中的重要作用，充分发挥各级媒体的渠道价值。媒体是信息发布、文化传播的重要载体，是推广主流价值观念的主渠道。第一，要引导各级各类媒体认清肩负的责任，努力把大学生意识形态贯穿到日常宣传报道中。各级各类媒体要密切配合，努力实现舆论全覆盖、媒体全联动，防止出现多个舆论场。必须充分发挥各级各类媒体的作用，不仅党报、党刊、学校广播台、校报要成为主力军，各类媒体、网络媒体也要发挥自身优势。第二，对于校园新闻事件要进行规范管理。保证新闻来源的准确性、可靠性、权威性。有针对性地进行舆论引导，做好解疑释惑、澄清事实等工作，能避免恶意炒作。第三，加强沟通交流。强化与教学科研一线人员和学生的沟通和交流，始终保持同群众的联系，掌握第一手资料。加强与媒体的沟通，争取媒体的支持，充分利用媒体的资源与记者保持良好的沟通，及时提供有价值的材料；加强与各级党委、团委和教育主管部门的联系和沟通，争取其支持。

（三）坚持以文化人，把主流意识形态渗透进精神文化产品创作生产之中

精神文化产品潜移默化地影响着人们的思想观念、价值判断、道德情操，对推进社会主义意识形态建设具有不可替代的作用。主流意识形态教育与精神文化产品创作生产渗透的表现为：第一，运用各类文化形式，生动、具体地表现社会主义意识形态的深刻内涵和精神实质，用高质量、高水平的文化精品形象地昭示大学生当今社会真善美的判断标准。第二，要尊重精神文化产品的创作生产规律，在“融入”和“渗透”上用心思、下工夫，使作品的内容与形式有机结合、相得益彰，既为大学生喜闻乐见，又反映和体现主流意识形态的要求。例如，复旦大学创作演出的以西部支教实践活动为主要内容的话剧《托起

明天的太阳》和上海戏剧学院创作演出的反映大学生思想政治教育的话剧《风铃》，在北京和上海的高校巡回展演，获得广泛好评。第三，要加强对创作思想、创作选题的引导，对体现主流意识形态的优秀精神文化产品给予鼓励和支持，对亵渎经典、嘲弄英雄、低俗媚俗和肆意恶搞的产品予以鞭挞和抵制，营造良好的文化生态。

（四）注重实践养成，把主流意识形态融入到日常工作生活之中

主流意识形态要真正发挥作用，必须融入社会日常工作生活，让人们在实践中感知它、领悟它。第一，要按照社会主义核心价值体系的基本要求，健全学校规章制度，完善大学生行为准则，使主流意识形态成为大学生日常工作生活的基本遵循。第二，中国是礼仪之邦，要有在大学内有计划、有目的地建立和规范一些礼仪制度，使礼仪成为宣扬伦理、弘扬美德的有效方式，如升国旗仪式、入党仪式等。第三，要把社会主义意识形态的要求融入到各种精神文明创建活动之中，充分发挥文明校园、文明寝室、先进班级的示范作用，吸引大学生广泛参与志愿者活动，推动大学生在为他人送温暖、为社会作贡献的过程中提升精神境界、培育文明风尚。第四，充分利用重大纪念日、民族传统节日等契机，组织开展形式多样的纪念、庆典活动，传播主流价值，不断增强人们的认同感、归属感。比如，上海市教委为满足大学生精神文化生活需要，提出要以春节“辞旧迎新、祝福团圆平安、兴旺发达”为主题、清明节“祭先烈、敬先贤、忆先人”为主题、端午节“人与自然和谐共处”为主题、中秋节“团结团圆、喜庆丰收”为主题、重阳节“感恩父母、敬老孝亲”为主题广泛开展传统节日教育，科学分析传统节日的历史价值和现实意义，进一步突出传统节日文化的核心意蕴，不断增强传统节日对学生的吸引力和感染力，让广大学生更好、更多地了解、认同和喜爱传统节日，进而内化为对民族文化的认同感和自豪感。

参 考 文 献

陈鸿莹. 2003. 英国公民教育简述. 外国教育研究，(9)：37-41.

陈洁. 2008. 道德领导与和谐校园建设. 黑龙江高教研究，(12)：137-139.

陈洁. 2011. 新时期辅导员队伍文化的内涵及其建设研究——以上海对外贸易学院为例. 学术论坛，(5)：205-209.

董国文，王银霞. 2007. 高校民主管理下的学生权力初探. 教书育人，(5)：14-15.

董晓霞，王昌君. 2001. 职业锚理论与公共人力资源配置. 中国人力资源开发.(7)：26.

冯刚. 2011. 辅导员职业生涯规划. 北京：高等教育出版社.

何龙. 2013. 新媒体环境下高校辅导员媒介素养提升问题探讨. 今日中国论坛，(9)：95-98.

何祥林，谢守成，刘宏达. 2009. 大学生群体思想政治教育新论. 北京：中国社会科学出版社.

黄静，邵雅菁. 2014. 网络生存背景下大学生群体建构探析. 思想理论教育，(3)：92-95.

黄静. 2013. "职业锚"理论在大学生职业生涯规划中的运用——以上海对外贸易学院为例. 生涯发展教育研究，(2)：39-44.

黄静. 2014. 基于Career-EDGE模型的大学生就业力开发探析. 上海对外经贸大学学报，(5)：89-96.

黄志坚. 2004. 青年学新论. 北京：中国青年出版社.

雷培莲，连莲. 2009. 英国高校提升大学生就业力的经验探讨. 复旦教育论坛，(7)：72-75.

李华琼. 2013. 微信时代大学生思想政治教育创新刍议. 学校党建与思想教育，(13)：63-65.

李军凯. 2013. 大学生就业能力与求职行为的关系研究——基于高校毕业生的调查研究. 北京：北京大学出版社.

里尔登. 2005. 职业生涯发展与规划. 教育部高校学生司编译. 北京：高等教育出版社.

梁绿琦. 2009. 中外合作办学德育理论与实践. 北京：北京理工大学出版社.

林春逸，刘力. 2005. 从"权利"公民到"责任公民"，当代西方公民教育理念的嬗变. 扬州大学学报（高教研究版），(6)：34-35.

楼巍，张志伟，黄静. 2014. 网络环境下大学生思想政治教育研究探索与思考. 思想理论教育导刊，(5)：113-115.

楼巍. 2014. 突破与创造——高校德育文化的行与思. 上海：上海教育出版社.

欧阳沁. 2009. 剑桥大学学生就业指导工作体系与启示. 中国大学生就业，(1)：76-78.

王磊，张志伟，黄静. 2008. 当代大学生民主实践若干前沿问题的思考//褚敏. 科学发展谋新篇——2008上海青年工作课题调研集. 上海：上海远东出版社.

王占仁. 2010. 英国高校学生就业服务体系的启示与思考——以英国里丁大学和巴斯大学为个案. 中国高教研究，(10)：59-62.

徐凌霄，赵金秀. 2004. 开展职业锚的认定构筑大学生职业生涯规划. 中国高教研究，(3)：25-27.

徐志斌. 2014. 社交红利. 北京：北京联合出版公司.

许燕平，朱丽莉，李亚东. 2010. 大学生生涯发展档案在生涯辅导上适用的概念模式建构. 教育与职业，(10)：93.

张宗海. 2002. 西方主要国家的高校学生责任教育与启示. 高教探索，(3)：37-39.

赵野田. 1998. 国外高校德育的特点、发展趋势及启示. 东北师范大学学报（哲学社会科学版），(172)：82-91.

钟善名，朱正威. 2001. 中国传统文化精义. 西安：西安交通大学出版社.

周长春. 2005. 新形势下大学生思想政治教育探索. 北京：北京工业大学出版社.

Pool L D，Sewell P. 2007. The key to employability：developing a practical model of graduate employability. Education and Training，49（4）：277-289.

后　记

2014 年是教育部 16 号文件颁布十周年，也是我从事高校辅导员这一岗位的第八年。2006 年夏天，当我进入上海对外经贸大学（原上海对外贸易学院）担任辅导员工作的第一天，学校发给我一本《包涵心语》，这本书让我对这份工作有了基本的职业概念和角色认知。八年间，我非常幸运地得到了许多领导和同事的大力帮助，收获了沉甸甸的成长、快乐与幸福。

一路走来，有忙碌辛苦，也有成长进步。最快乐的事莫过于陪伴着几届学生完整地度过了四年大学生活，见证了他们的每一步成长，自己也在引导学生价值观、尊重学生兴趣、理解学生个性、呵护学生心灵、成全学生梦想的道路上逐渐成熟，逐渐认识到辅导员是一份需要用爱经营、用心聆听、用情感染、用理感召的工作。正是如此，我有了编写本书的愿望，以期与从事学生思想政治工作的同仁分享、交流大学生思想政治教育工作的心得与收获，共同探讨面对的问题与挑战，也期望让更多的人了解高校辅导员的职业生活，理解和重视高校辅导员的工作。

本书的编写过程，实际上也是我对自己工作实践的一种反思、总结和提炼的过程，这当中凝结了许多领导、专家、同事的关心和指导。在此，我特别要感谢上海对外经贸大学副校长陈洁，是她给予我不断的鼓励和帮助，并给我提出宝贵的指导意见，让我有勇气和动力完成本书。同时要感谢上海对外经贸大学副书记、副校长祁明，他对我的工作提供了极大的帮助，为本书的出版给予了大力支持；感谢上海对外经贸大学学生处处长严大龙老师对我工作的悉心指导，让我不断成长。同时，感谢上海戏剧学院党委书记楼巍教授，上海市教委德育处处长李兴华、政策法规处处长王磊，上海市学生德育发展中心常务副主任张志伟等领导在我工作上给予的支持和肯定。最后，我还要感谢上海对外经贸大学的同事们，感谢他们对我在工作、学习、生活上给予了关爱和帮助。未来的日子里，我们还将携手同行。

同时还要向我所带的国际经济与贸易专业 2006 级、2010 级、2014 级接近 800 名学生表示感谢，是他们让我对这份职业有了深厚的感情，我们在与青春同行的道路上一起成长。我也要感谢我工作室的学生团队，他们与我一起工作、一起奋斗。

我要特别感谢科学出版社的编辑们为本书出版付出的努力和辛苦，他们在出版过程中给予了许多中肯建议。

此外，我必须感谢我的父母、丈夫及不满两岁的女儿，他们对我的工作的支持是激励我奋发前行的不懈动力和精神支柱。

作为一名辅导员，我是幸福的，因为拥有一份自己喜欢的事业，因为可以将爱融入其中，因为可以在与青春同行的道路上不断体会到润物无声的快乐。

由于水平能力所限，本书难免存在不足之处，其中一些观点仍有待商榷，敬请广大读者批评指正并不吝赐教。

黄　静

2014 年 12 月于上海